BERLIN

DIE AUTORIN

Ortrun Egelkraut, freie Journalistin, Redakteurin und Reise-
buchautorin, ist – wie die meisten »echten« Berliner – nicht
in der Stadt geboren. Vielleicht ist das die Voraussetzung, um
Berlin immer wieder neu zu entdecken, Potsdam und weiteres
Umland inklusive. Und wenn es doch einmal weiter weg gehen
soll, dann heißen die Ziele Mexiko und Zentralamerika.

www.vistapoint.de

Inhalt

Top 10 & Mein Berlin

Stadttouren   mit Detailkarte

Streifzüge

Vista Points – Sehenswertes

Erleben & Genießen

Chronik

Service von A bis Z

Zeichenerklärung

 Top 10
Das müssen Sie gesehen haben

 Mein Berlin
Lieblingsplätze der Autorin

 Vista Point
Museen, Galerien, Architektur und andere Sehenswürdigkeiten

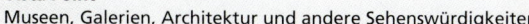

 Kartensymbol: Verweist auf das entsprechende Planquadrat der Karte bzw. der Detailpläne im Buch.

Willkommen in Berlin

Berlin ist hip, Berlin ist cool, Berlin setzt Trends! Immer mehr
Gäste kommen in die deutsche Hauptstadt, die längst eine der
aufregendsten Metropolen Europas ist. Nicht nur klassische
Sehenswürdigkeiten locken – Berlin ist auch ein Magnet für
alle, die auf einem Städtetrip das Außergewöhnliche suchen.
Da sind der Kleinstadtcharme im Kiez, die kreative Szene in
Mode, Kunst und Medien, eine grenzenlose Einkaufswelt,
die Freiräume, die sich viele Menschen immer wieder neu
erobern, das vielfältige Nachtleben, der Trend zu mehr Nachhaltigkeit – Berlin fährt Fahrrad. Schließlich sind verborgene
Naturschönheiten in Wäldern, Parks und auf dem Wasser und
nicht zuletzt die kulinarische Vielfalt zu entdecken.

Von den preußischen Königen und Kaisern über die Zei-
ten des Nationalsozialismus und der 40-jährigen Teilung bis
zum Neuen Berlin spiegelt sich die Geschichte auch in der
Architektur der Stadt. Die Zeugnisse reichen von Schinkels
Klassizismus bis zu den architektonischen Visitenkarten eines

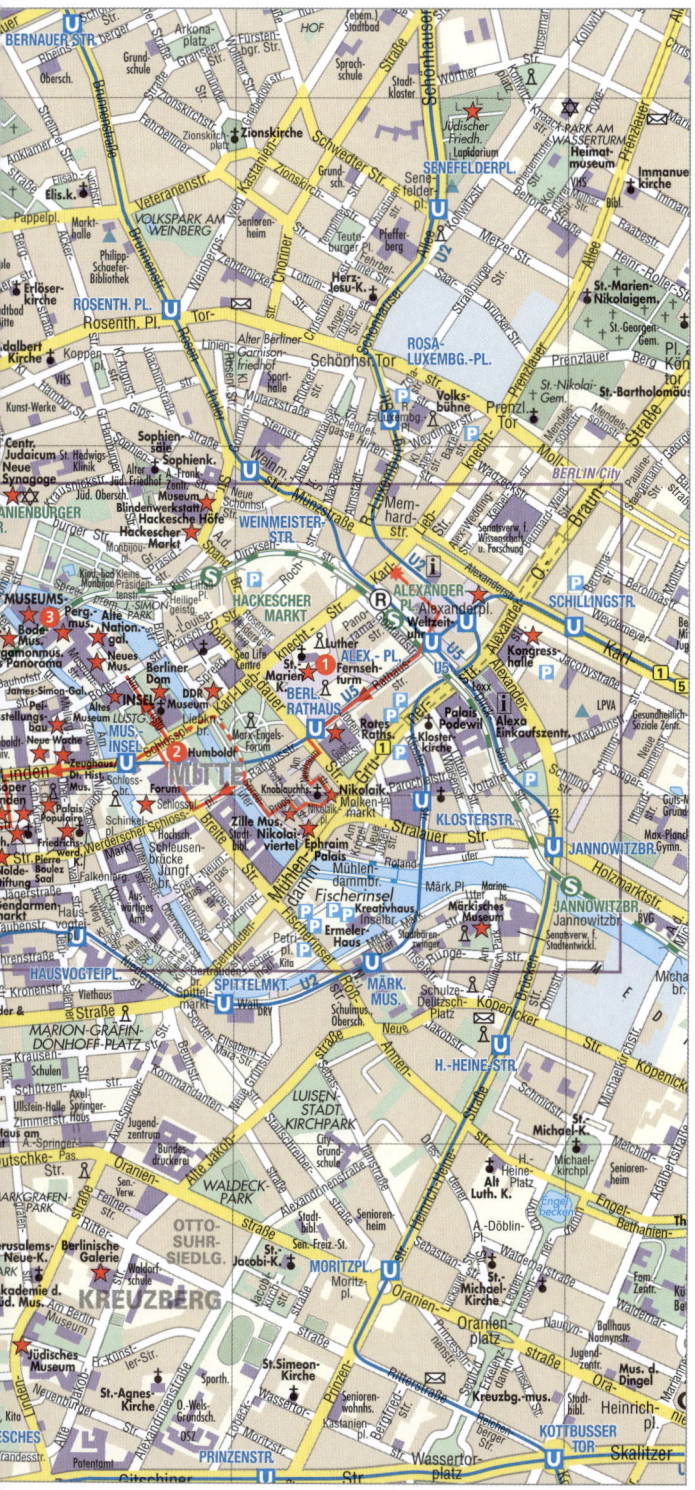

I. M. Pei, Daniel Libeskind oder Rem Koolhaas. Der niederländische Star-Architekt setzte 2020 einen spektakulären Neubau auf den einstigen Mauerstreifen. Berlin hat die Teilung längst überwunden. Gedenkstätten im Stadtbild halten die Erinnerung an die unterschiedlichsten Kapitel der Stadtgeschichte wach.

Und immer wieder kommen neue Attraktionen hinzu, etwa das Humboldt Forum in der historischen Mitte Berlins, eine selbstbewusste Mischung aus Barock und Moderne, ein offener Ort für Kulturerlebnis und streitfreudige Debatten – ein Symbol für die sich ständig wandelnde Stadt mit ihrer lebhaften Gegenwart und einer bewegten Vergangenheit.

Am besten man wählt schon vorher aus, wohin die Reise – dieses Mal – gehen soll. Berlin-Touristen sind häufig »Wiederholungstäter«, das heißt, sie kommen noch mal, um nachzuholen, wofür beim ersten Mal die Zeit fehlte, oder um Neues zu erleben in dieser wandlungsfähigen Metropole.

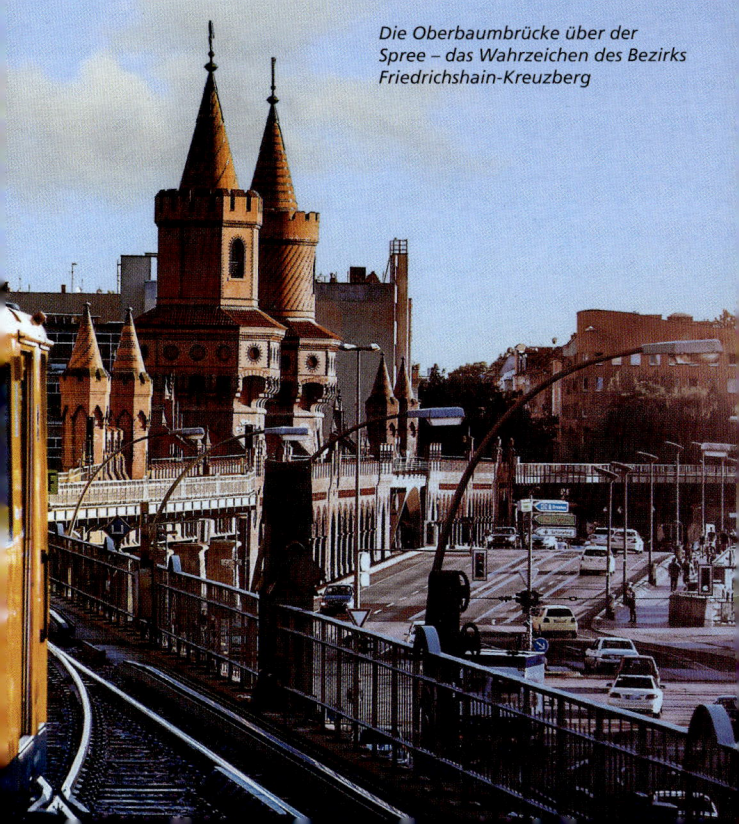

Die Oberbaumbrücke über der Spree – das Wahrzeichen des Bezirks Friedrichshain-Kreuzberg

Top 10: Das müssen Sie gesehen haben

① Fernsehturm
S. 9, 35 f. ➡ D9
Berlin von oben und 360° rund-um: Höher hinaus geht es nicht, um die Dimensionen der Stadt zu ermessen und Ausschau zu halten nach beliebten Sehenswürdig-keiten.

② Humboldt Forum
S. 11, 29, 37 ➡ D8
Der neue Anziehungspunkt in der historischen Mitte Berlins: in Kunst und Kultur, Geschichte und Architektur eintauchen oder einfach flanieren durch Passage, Schlüterhof und über die Schloss-terrassen.

③ Museumsinsel
S. 11 f., 24, 25, 31 f. ➡ D8
Kunstliebhaber können sich in den fünf herausragenden Mu-seen verlieren und in einzigartige Schätze verlieben. Bringen Sie Zeit und Muße mit!

④ Gendarmenmarkt
S. 13, 36 ➡ E8
Die Berliner sind überzeugt: Ei-nen schöneren Platz gibt es in ganz Europa nicht!

⑤ Brandenburger Tor
S. 13 f., 34 f. ➡ E7
Einmal durchs Brandenburger Tor schreiten wie ein Staatsgast und dann die Fotos an die Freunde daheim schicken – damit sie auch kommen!

⑥ Reichstag
S. 14, 41 f. ➡ D7
Der Aufstieg in die Gläserne Kuppel wird mit fantastischen Ausblicken – nach innen und außen – belohnt.

⑦ Denkmal für die ermor-deten Juden Europas/ Holocaust-Mahnmal
S. 14, 45 ➡ E7
Das labyrinthische Stelenfeld bietet Anlass zum Nachdenken, der unterirdische Ort der Infor-mation liefert die historischen Zusammenhänge dazu.

⑧ Gemälde- und Neue Nationalgalerie im Kulturforum
S. 15, 27 f., 31, 37 f. ➡ E/F6
Raffael, Tizian, Caravaggio, Dü-rer, Rubens, Rembrandt: die Alten Meister in der Gemäldegalerie; die Hauptwerke der Klassischen Moderne in der Neuen National-galerie, der Architekturikone von Ludwig Mies van der Rohe.

 Schloss Charlottenburg
S. 42 f. ➡ D1

Flanieren auf Spuren der Hohenzollernkönige durch Prunksäle, Wohnräume, Schatzkammern, das Porzellankabinett und den weitläufigen Schlossgarten mit seinem restaurierten Barockparterre.

 Gedenkstätte Berliner Mauer
S. 45 f. ➡ B/C7/8

Die originalen Grenzanlagen sind verschwunden, aber Mauerstreifen, Informationstafeln und ein Dokumentationszentrum vermitteln ein eindringliches Bild des Lebens im geteilten Berlin.

Mein Berlin
Lieblingsplätze der Autorin

Liebe Leserinnen und Leser,

dies sind einige wenige besondere Punkte dieser Stadt, an die ich immer wieder gern zurückkehre. Eine spannende Zeit in Berlin wünscht Ihnen

Ortrun Egelkraut

 Volkspark Friedrichshain
S. 20 ➡ C/D10/11

Märchenbrunnen und Gedenkort der Revolution von 1848, Freilichtkino, Restaurant, Kletterfelsen, Bunkerberg, Spiel- und Sportplätze: Abwechslung und Erholung für alle.

 Pfaueninsel
S. 23, 75 ➡ dD3

Die Großstadt bleibt draußen: Vogelgezwitscher begleitet den Spaziergang in diesem Naturschutzgebiet mit Märchenschloss und verspielten Parkbauten.

 Café am Neuen See
S. 55 ➡ E4

Im einladenden Biergarten unter Kastanienbäumen ist immer viel los. Nahebei kann man ein Boot mieten und »in den Sonnenuntergang« paddeln: Romantik pur!

 Astor Film Lounge
S. 65 ➡ F3/4

Kino mit Genussfaktor: Ein Drink zur Begrüßung, auf Wunsch leckeres Fingerfood und superbequeme Ledersessel – die gibt es übrigens auch im Zoo-Palast.

 Fassbender & Rausch
S. 69 ➡ E8

Der Duft von Schokolade, kunstvolle Schaustücke und verlockende Präsentationen von Pralinen, Konfekt und Edelschokolade. Wer sich hier nicht verführen lässt …

Von Berlins historischer Mitte zum Potsdamer Platz

Vormittag
Alexanderplatz – Fernsehturm – Rotes Rathaus – Nikolai-viertel – Marx-Engels-Forum – Humboldt Forum – Berliner Dom – (evtl. Museumsinsel) – Zeughaus – Unter den Linden – Neue Wache – Bebelplatz – Gendarmenmarkt (zahlreiche Restaurants) – Friedrichstraße – Unter den Linden – Pariser Platz – Brandenburger Tor – Reichstag – Denkmal für die Ermordeten Juden Europas – Potsdamer Platz (ca. 2–3 Std.).

Nachmittag
Architektur- und Einkaufsbummel am Potsdamer Platz, evtl. Museumsbesuch (Deutsche Kinemathek/Filmmuseum, Kulturforum).

Alternative zum Nachmittag
Vom Reichstag Sightseeing-Tour mit Bus 100 durch den Tiergarten, vorbei am Haus der Kulturen der Welt, Schloss Bellevue, Großen Stern bis zum Kudamm (Route im Stadtplan gestrichelt markiert).

Ein Blick nach unten lohnt sich: Drei neue, architektonisch interessante U-Bahnhöfe – und Berlin hat drei Sehenswürdigkeiten mehr. Unter den Linden, Museumsinsel, Rotes Rathaus sind die Stationen auf der 2,2 Kilometer langen Tunnelstrecke der seit 2020 fertiggestellten Verlängerung der U5.

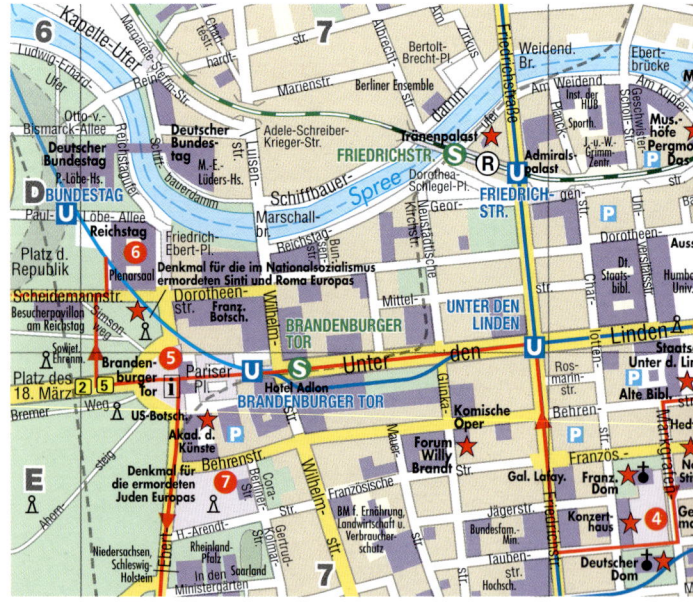

Oder man schlendert durch das Regierungsviertel zum Hauptbahnhof und nimmt die S-Bahn zum Bahnhof Zoologischer Garten mitten in der City West.

»Wind gibt es massenhaft am **Alex**. An der Ecke zieht es lausig.« Wie in den 1920er Jahren, als Alfred Döblins Romanheld Franz Biberkopf »Berlin Alexanderplatz« zu Weltruhm verhalf, pfeift der Wind über das weitläufige Areal → D9. In der Kultserie »Babylon Berlin« rückt der Alex immer mal wieder ins Bild. Die **Weltzeituhr** und der bunt emaillierte **Brunnen der Völkerfreundschaft** konservieren ein letztes Stück DDR zwischen modernen Einkaufszentren, Cafés und

Alexanderplatz mit Weltzeituhr und Fernsehturm

Würstchenbuden, dem Hochhaushotel Park Inn und dem **Bahnhof Alexanderplatz** → D9 mit der mächtigen, restaurierten Bahnsteighalle von 1926. Rundum wird seit Jahren gebaut und das Gesicht des Platzes wird sich weiter verändern.

Überragt wird der Alexanderplatz vom ❶ **Fernsehturm** → D9, mit 365 Metern das höchste Bauwerk Berlins. In 200 Metern Höhe lockt ein Dreh-Restaurant mit fantastischer Aussicht. Zwischen der verloren wirkenden **St. Marienkirche** → D9, einem der ältesten Gotteshäuser Berlins (13. Jh., mehrmals verändert), und dem markanten **Roten Rat-**

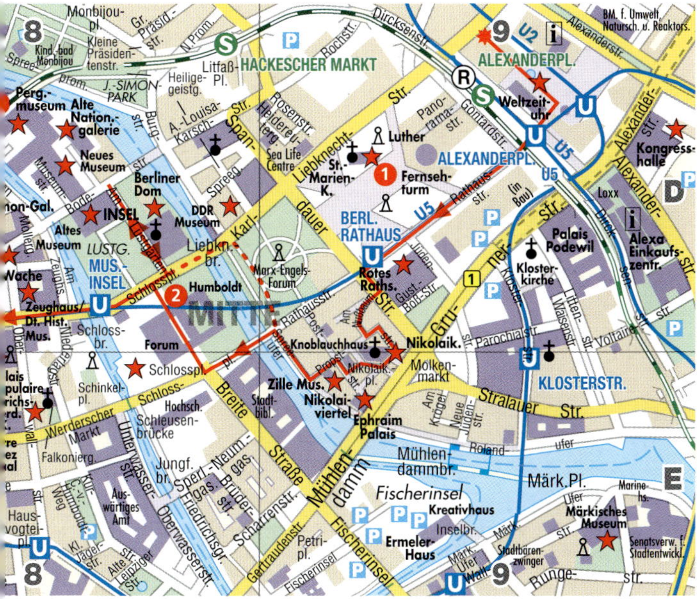

haus, Sitz des Regierenden Bürgermeisters, gibt der **Neptunbrunnen** dem weiten Platz einen Ruhepunkt. Die Rathaus-Passagen schließen ihn zur verkehrsreichen Grunerstraße hin ab. Diese wird zurückgebaut für ein neues Wohnviertel mit zeitgenössischer Architektur in den historischen Dimensionen am alten Molkenmarkt.

Südwestlich der Spandauer Straße beginnt das **Nikolaiviertel** ➡ D/E9, das gemeinsam mit der auf der anderen Seite der Spree gelegenen Schwesterstadt Cölln im 13. Jahrhundert »die Wiege Berlins« bildete. Im Zweiten Weltkrieg fast völlig zerstört wurde das Nikolaiviertel zur 750-Jahr-Feier der Stadt 1987 als Vorzeigeobjekt der DDR wieder aufgebaut. Die seltsame Mischung aus Plattenbau und historisierenden Giebeln, aus Rekonstruktion und originalen Versatzstücken hat sich zu einem vor allem bei Touristen beliebten Viertel entwickelt. Ein bisschen Alt-Berlin – oder was man dafür hält – mit Souvenirgeschäften, Brunnen und Denkmälern, Kneipen, Restaurants und Cafés.

In einem der Plattenbauten (Propststr. 11) zeigt das **Zille-Museum** ➡ E9 Werke des Berliner »Milljöh«-Malers. Das kleine Theater im Nikolaiviertel (Nikolaikirchplatz 5/7) bringt »Zille sein Milljöh« musikalisch-szenisch auf die Bühne. Heinrich Zilles Lieblingskneipe »Zum Nußbaum« wurde neben der **Nikolaikirche** ➡ D/E9 (Museum zur Geschichte des Bauwerks) rekonstruiert. Das stattliche **Knoblauchhaus** ➡ E9, 1759 erbaut, ist das einzige original erhaltene Bürgerhaus; eine ständige Ausstellung des Stadtmuseums gibt Einblick in die bürgerliche Wohnkultur der Biedermeierzeit. Das prachtvolle **Ephraim-Palais** ➡ E9 mit seinen verschnörkelten goldenen Balkongittern an der Ecke Mühlendamm zeigt aktuelle Ausstellungen des Stadtmuseums zur Berliner Kulturgeschichte.

Entlang der Spree fällt der Blick auf den grauen Bau des Marstalls, in dem einst 300 Pferde und Kutschen Platz fanden (heute Stadtbibliothek und Sitz der Hochschule für Musik »Hanns Eisler« Berlin).

Das Rote Rathaus und der Neptunbrunnen in Berlin-Mitte

In nördlicher Richtung grüßt rechter Hand unter Bäumen im **Marx-Engels-Forum** ➡ D8/9 genannten Park das überlebensgroße Bronzedenkmal des sitzenden Karl Marx und des stehenden Friedrich Engels. Jetzt blicken die beiden kommunistischen Vordenker auf die moderne Fassade des Humboldt Forums.

Auf dem Schlossplatz jenseits der Spree – zwei Brücken führen hinüber – stand das Berliner Stadtschloss, Residenz der brandenburgischen Kurfürsten und ab 1701 der preußischen Monarchen. Nach Abdankung Kaiser Wilhelms II. rief Karl Liebknecht 1918 die »Freie Sozialistische Republik« aus – gegenüber dem Hauptportal des monumentalen Schlosses, das zu den Meisterwerken des Baumeisters Andreas Schlüter (1659/60–1714) zählt. 1950 ließ die DDR das Stadtschloss spren-

Blick vom Berliner Dom auf den Lustgarten

gen und errichtete an dieser Stelle von 1973 bis 1976 den Palast der Republik als Sitz der Volkskammer und öffentliches Kulturhaus. Nach langen Debatten, Schließungen und Zwischennutzungen (1990–2006) wurde der Palast bis 2008 abgetragen.

2013 wurde der Grundstein gelegt für das **②** **Humboldt Forum** ➡ D8, das 2021 endlich eröffnete. Der Entwurf des italienischen Architekten Franco Stella, von Anfang an umstritten, verbindet Barock mit Moderne, detailgenaue Rekonstruktionen der Fassaden des einstigen Hohenzollernschlosses mit nüchtern-funktionalen Betonelementen. Neben dem Museum für Asiatische Kunst und dem Ethnologischen Museum gibt es weitere Dauer- sowie Sonderausstellungen. Erstbesuchern sei das Videopanorama empfohlen: In 14 Minuten eine emotionale Zeitreise durch die »Geschichte des Ortes«. Beliebt zum Flanieren und Entspannen sind die Freiflächen, Restaurants und Shops.

Vom rekonstruierten Eosanderportal auf der Westseite fällt der Blick auf den Neubauten gerahmten Schinkelplatz. Erst dahinter ragen die Türme der von Karl Friedrich Schinkel erbauten **Friedrichswerderschen Kirche** ➡ E8 (1824–30) empor. Die einsam stehende Musterfassade wirbt für den Wiederaufbau von Schinkels Bauakademie.

Schinkel prägte einst auch den Lustgarten ➡ D8; heute ist das Tor zur Museumsinsel als Liegewiese ausgewiesen und im Sommer entsprechend fröhlich bevölkert. Schinkels ersten **Berliner Dom** ➡ D8 ließ Kaiser Wilhelm II. abreißen und durch den Monumentalbau mit wuchtiger Kuppel ersetzen (1894–1905). Am Ende des Lustgartens erhebt sich die klassizistische Fassade des Alten Museums. Dem ersten Museumsbau Berlins (1830, nach Schinkels Plänen) folgten weitere auf der **③** **Museumsinsel** ➡ D8: Alte Nationalgalerie, Neues Museum, Bode- und Pergamonmuseum. Der Saal mit dem Pergamon-Altar ist wegen Renovierung derzeit geschlossen; eine spannende »Ersatz«-Ausstellung mit originalen Skulpturen, modernen Medien und dem faszinierenden **Pergamon-Panorama** von Yadegar Asisi ist in einem Neubau am Bodemuseum zu sehen.

Verherrlichung der Kriegskunst: Fassadendetail am Zeughaus, das heute das Deutsche Historische Museum beherbergt

Für Museumsbesuche generell sollte man einen oder mehrere Extra-Tage einplanen. Das **Neue Museum**, jahrzehntelang Kriegsruine, erlebte durch den britischen Architekten David Chipperfield eine sensationelle Wiederauferstehung. Die Spuren der Geschichte blieben erhalten und wurden eindrucksvoll mit neuen Elementen verknüpft. Die prächtigen Räume auf drei Stockwerken teilen sich die Sammlungen des Ägyptischen Museums – Nofretete prunkt im nördlichen Kuppelsaal – und des Museums für Vor- und Frühgeschichte, ergänzt durch Objekte der Antikensammlung. David Chipperfield entwarf auch die **James-Simon-Galerie** ➡ D8, das großzügige Besucherzentrum auf der Museumsinsel, die seit 1999 UNESCO-Welterbe ist.

Von Stararchitekt I. M. Pei stammt der Museumsneubau mit gläserner Fassade und markantem Spiralturm an der Straße Hinter dem Gießhaus. Diese Ausstellungshalle des **Deutschen Historischen Museums** ➡ D8 ist unterirdisch mit dem **Zeughaus**, dem angestammten Platz des DHM verbunden. Das 1695 begonnene Waffenarsenal ist das älteste Bauwerk des Boulevards. Bis 2025 wird es technisch umfassend modernisiert. Parallel dazu wird die Dauerausstellung überarbeitet.

Vor dem Haupteingang des Zeughauses, genauer an der Schlossbrücke, beginnt die Straße **Unter den Linden** ➡ D8. Im Jahr 1647 ließ Kurfürst Friedrich Wilhelm die ersten Lindenbäume entlang dem Reitweg vom Schloss ins Jagdrevier Tiergarten pflanzen. Friedrich II., der Große, sorgte rund 100 Jahre später für den Ausbau zum Prachtboulevard von 60 Metern Breite.

Hinter der rekonstruierten Fassade der ehemaligen Stadtkommandatur residiert mit der noblen Adresse Unter den Linden 1 der Medienkonzern Bertelsmann. Das **Kronprinzenpalais** schließt sich an. Das einstige **Prinzessinnenpalais** ist heute als **Palais Populaire** das Ausstellungshaus der Deutschen Bank. Schinkels **Neue Wache** ➡ D8

In der Gestalt eines griechischen Tempels: die Alte Nationalgalerie auf der Museumsinsel in Berlin-Mitte

Der Gendarmenmarkt wurde nach seiner Zerstörung im Zweiten Weltkrieg zwischen 1976 und 1993 wieder aufgebaut

auf der Nordseite wurde mit einer Pietà von Käthe Kollwitz zur »Zentralen Gedenkstätte der Bundesrepublik Deutschland«.

Mit dem **Forum Fridericianum** rund um den heutigen **Bebelplatz** ➡ D/E8 wollte Friedrich der Große königliche Macht, Kunst und Wissenschaft an einem Ort vereinen. Zu diesem Ensemble gehören die **Staatsoper Unter den Linden**, die **St.-Hedwigs-Kathedrale** und die **Alte Bibliothek** sowie die **Humboldt-Universität**. Auf dem Mittelstreifen reitet Friedrich der Große; das monumentale Reiterstandbild stammt von Christian Daniel Rauch. Unter einer Glasscheibe mitten auf dem Bebelplatz erblickt man leere Bücherregale. Das Denkmal des israelischen Künstlers Micha Ullman erinnert an die dortige Bücherverbrennung am 10. Mai 1933.

Ein kleiner Schlenker, vorbei am Luxus-»Hotel de Rome« in einem ehemaligen Bankgebäude, führt zum ④ **Gendarmenmarkt** ➡ E8, dem schönsten Platz Berlins (bis Ende 2024 wegen Sanierung Baustelle). In der Mitte erhebt sich das von Schinkel entworfene Schauspielhaus, nach seiner heutigen Funktion in Konzerthaus umbenannt, mit einer eindrucksvollen Freitreppe. Tagsüber steht die obere Tür offen. Durch eine Glasscheibe kann man den Konzertsaal bewundern und eventuell Musiker bei der Probe beobachten. Der **Französische Dom** am Nordende des Platzes beherbergt das **Hugenottenmuseum** und ermöglicht den Aufstieg in die Kuppel zu einer grandiosen Rundumsicht. Im **Deutschen Dom** am Südende des Gendarmenmarktes widmet sich eine Ausstellung der parlamentarischen Demokratie in Deutschland.

Die **Friedrichstraße** ➡ C7–F8 mit Luxusgeschäften wie dem französischen Warenhaus Galeries Lafayette, mit Cafés, Restaurants und Hotels will durch Umgestaltung der Fahrbahnen zur attraktiven Flaniermeile werden.

Zurück auf dem Boulevard Unter den Linden, vorbei an der einstigen Sowjetischen und heutigen Russischen Botschaft, gelangt man zum ⑤ **Brandenburger Tor** ➡ E7 am Pariser Platz. Das berühmte Hotel Adlon ist in den historischen Dimensionen mit allem modernen Komfort wieder erstanden. Haus Liebermann, die Französische und die Amerikanische Botschaft sowie die Akademie der Künste mit ihrer Glasfassade umrahmen den fußgängerfreundlichen Platz. Eine Passage führt durch das Akademie-Gebäude zur Behrenstraße und zum Holocaust-Mahnmal.

Auf dem Brandenburger Tor prangt die **Quadriga** in restaurierter Schönheit. Kaum ein Staatsgast, der nicht das 1788–91 errichtete Tor (Gottfried Schadow) durchschreitet, und kaum ein Großereignis, das nicht vor dieser klassizistischen Kulisse stattfindet. Am Platz des 18. März, auf der Westseite, fällt im Boden eine doppelte Pflastersteinlinie auf, die in der Innenstadt den einstigen Mauerverlauf nachzeichnet.

Weiter geradeaus erreicht man auf der Straße des 17. Juni das Sowjetische Ehrenmal; der Marmor stammt aus Hitlers Reichskanzlei. Rechts geht es durch den Park zum ⑥ **Reichstag** ➡ D7, in dem die Plenarsitzungen des Deutschen Bundestags stattfinden. Der Aufstieg in die gläserne Kuppel und auf die Dachterrasse ist nur nach vorheriger Anmeldung möglich.

Vom Brandenburger Tor aus nach Süden geht es vorbei am ⑦ **Denkmal für die ermordeten Juden Europas** ➡ E7 und diversen Landesvertretungen in den »Ministergärten« zum Potsdamer Platz.

Der **Potsdamer Platz** ➡ E/F6/7, einst im Schatten der Berliner Mauer, ist ein lebendiges Shopping- und Entertainment-Viertel, zusammengewachsen aus mehreren architektonischen Einheiten rund um den unterirdischen Bahnhof Potsdamer Platz. Von Norden kommend erreicht man zuerst das **Beisheim Center** ➡ E7 mit den Fünf-Sterne-Hotels Marriott und Ritz-Carlton. Östlich breitet sich der **Leipziger Platz** ➡ E7 in der historischen Form eines Oktogons aus. In den umschließenden Gebäuden befinden sich die kanadische Botschaft, das Einkaufszentrum Mall of Berlin sowie gegenüber das **Deutsche Spionagemuseum** und dort nebenan das **Deutschlandmuseum**.

Westlich ist das **Das Center am Potsdamer Platz**, bis 2023 **Sony Center** ➡ E6, ein populärer Treffpunkt. Unter der spektakulären Zeltdachkonstruktion des deutsch-US-amerikanischen Architekten Helmut Jahn (1940–2021) findet man zahlreiche Cafés und Restaurants. Hier lockt auch das **Filmmuseum der Deutschen Kinemathek** mit Schätzen aus dem Nachlass von Marlene Dietrich und einer Dauerausstellung zur deutschen Film- und Fernsehgeschichte.

Auf der anderen Seite der Potsdamer Straße bietet das **Klinker-Hochhaus** von Hans Kollhoff mit dem schnellsten Aufzug Europas

Blickfang: die Dachkonstruktion am Potsdamer Platz

aus rund 90 Metern Höhe atemraubende Aussichten, nicht nur auf den Potsdamer Platz zu Füßen. Ein Panoramacafé hoch oben lädt dazu ein, den Ausblick entspannt zu genießen. Eine Ausstellung erinnert an die Geschichte des Platzes.

Den südlichen Abschluss des Potsdamer Platzes bildet der 106 Meter hohe **Atrium Tower** ➡ F6 mit dem grünen Würfel auf der Spitze, ein Gebäudekomplex des italienischen Architekten Renzo Piano. Das **Potsdamer Platz Theater** am Marlene-Dietrich-Platz wird alljährlich zu den Internationalen Filmfestspielen zum Berlinale-Palast. Im **Bluemax Theater** gegenüber spielt die Blue Man Group. Größtes Kinozentrum mit 19 Sälen ist das Cine-

Gläserne Architekturikone: die Neue Nationalgalerie

maxX. Weitere Abwechslung bieten Cafés, Bars, das Grand Hyatt Hotel und die Spielbank Berlin. Das einstige Einkaufszentrum Potsdamer Platz Arkaden hat als **The Playce** mit Spielhalle und Ladengeschäften aus den Themenwelten Gastronomie, Technologie, Sport, Mode, Lifestyle und Entertainment wieder eröffnet.

Richtung Westen schließt sich das **Kulturforum Potsdamer Platz** ➔ E/F6 an. Dazu gehören **Staatsbibliothek, Philharmonie, Kammermusiksaal** und **Musikinstrumenten-Museum** sowie diverse Sammlungen der Staatlichen Museen zu Berlin: ❽ **Gemäldegalerie, Kunstgewerbemuseum, Kupferstichkabinett** und **Kunstbibliothek**. Allesamt lohnen den Besuch, so auch die ❽ **Neue Nationalgalerie**, der lichte Tempel von Mies van der Rohe. Unmittelbar daneben und vor der **St.-Matthäus-Kirche**, von Friedrich August Stüler 1844–46 erbaut, entsteht in den nächsten Jahren das Museum des 20. Jahrhunderts.

Vom Potsdamer Platz fährt der Bus 200 zum Bahnhof Zoo, alternativ bietet die U2 (bis Wittenbergplatz oder Zoologischer Garten) eine schnelle Verbindung in die City West.

Bustour durch den Tiergarten zur City West

Die Bustour ist in der Faltkarte als rote, gepunktete Linie dargestellt.

Vom Reichstag aus gelangt man bequem mit dem Bus 100 in die City West. Der Bus fährt zunächst vorbei am **Haus der Kulturen der Welt** ➔ D6, das den internationalen zeitgenössischen Künsten in viel beachtetes Forum bietet, dann am **Schloss Bellevue** ➔ D5, dem Amtssitz des Bundespräsidenten, sowie am **Bundespräsidialamt** ➔ E5. Am Großen Stern mit der **Siegessäule** und der Siegesgöttin Victoria kreuzt die **Straße des 17. Juni** ➔ E3–6, die den Tiergarten ➔ D/E4–6 in der ganzen Länge von Ost nach West durchschneidet. Berlins zweitgrößter innerstädtischer Park (nach dem Tempelhofer Feld) bietet neben Bäumen, Wiesen, Blumenbeeten und kleinen Seen auch viele Denkmäler.

Der »Hunderter« durchquert den Park Richtung Süden. Dort haben sich zahlreiche Botschaften angesiedelt. Viele Vertretungen sind zugleich architektonische Visitenkarten der jeweiligen Länder wie die Indische Botschaft (Tiergartenstraße), die der Vereinigten Arabischen Emirate (Hiroshimastraße) sowie der Nordischen Länder und Mexikos (Klingelhöferstraße). An der Budapester Straße, gleich nach dem **Elefantentor** ➔ F4, dem Eingang zum Zoologischen Garten Berlin, ist die City West erreicht. Dort befinden sich u. a. das **Europa-Center** ➔ F4 und die **Kaiser-Wilhelm-Gedächtniskirche** sowie das schicke Einkaufszentrum **Bikini Berlin** mit Ausblick auf den Affenfelsen im Zoo. ∎

Zu Fuß durch das Regierungsviertel

Bundeskanzleramt, Paul-Löbe-Haus mit Abgeordnetenbüros und Sitzungssälen, Kindertagesstätte des Bundestags, Marie-Elisabeth-Lüders-Haus mit der Parlamentsbibliothek und Bundespressekonferenz: Die Bauten der Bundesregierung ziehen sich als **»Band des Bundes«** ➡ D6/7 nördlich des Reichstags von West nach Ost. Sie werden gerahmt vom Spreebogen und sind am schönsten vom Wasser aus zu erleben. Der **Uferweg**, zwischen dem Paul-Löbe-Haus und dem Haus der Kulturen der Welt rund einen Kilometer lang, führt vorbei am viel besuchten Capital Beach und am **Kanzleramt** ➡ D6. An der Spree hinter dem Haus der Kulturen der Welt liegt eine Schiffsanlegestelle, vor dem Kulturzentrum hat man wieder Anschluss an den Bus 100.

Oder man nimmt den Fußweg durch den Spreebogenpark zur nördlichen Uferseite. Wie ein Palast erhebt sich der **Hauptbahnhof** ➡ D6 mit seinem gigantischen Glasdach. Er bietet Einkaufsmöglichkeiten auf drei Ebenen (sonntags zum Teil geschlossen) und Anschluss an die Tram, die U- und S-Bahn sowie die Regional- und Fernbahn. Im Umkreis sind zahlreiche neue Hotels entstanden. Wie eine Skulptur wirkt der gläserne »Cube«, ein Bürogebäude mit komplett digitalisierter Infrastruktur. Eine Ruhezone ist der **Geschichtspark Zellengefängnis Moabit** ➡ C6 auf dem Areal einer ehemaligen Haftanstalt mit prominenten Insassen.

Kudamm-Bummel und Berliner Westen

Zwei Hochhaustürme, das Luxushotel Waldorf Astoria Berlin im 115 Meter hohen Zoofenster und das Upper West mit einem Motel One als Hauptmieter, markieren das Tor zur City West. Sie überragen mächtig die **Kaiser-Wilhelm-Gedächtniskirche** ➡ F4 und das Europa-

Erholung im Regierungsviertel: Die Strandbar »Capital Beach« liegt am Ludwig-Erhard-Ufer gegenüber vom Hauptbahnhof

Center. Der Breitscheid-
platz dazwischen ist rund
um Joachim Schmettaus
Weltkugelbrunnen, den
sogenannten Wasser-
klops, ein beliebter Treffpunkt und Schauplatz
vieler Jahrmarktsveran-
staltungen. Gegenüber,
an der Budapester Straße,
ist mit dem **Bikini Berlin**
eine Lifestyle-Shopping-
Adresse entstanden – mit
großer Dachterrasse und
Blick auf den Zoologi-
schen Garten. Monkey
Bar und Neni-Restaurant
in der zehnten Etage des
stylischen Hotels 25hours
sind Szene-Hotspots in der City West.

*15 elliptische Bögen bilden die Grund-
struktur des Ludwig-Erhard-Hauses*

Südöstlich der Gedächtniskirche beginnt die Tauentzienstraße mit
dem berühmten **KaDeWe** ➡ F4 am Wittenbergplatz. Das Kaufhaus des
Westens ist das größte Warenhaus Kontinentaleuropas und bietet auf
acht Etagen eine riesige Auswahl an überwiegend edlen Produkten
der Bereiche Mode, Accessoires, Design. Als Hingucker gedacht sind
die vier skulpturalen Rolltreppen des Star-Architekten Rem Koolhaas.

Ab der Gedächtniskirche in südwestlicher Richtung verläuft der
Kurfürstendamm ➡ G1–F4, dreieinhalb Kilometer lang und einst wie
die Linden ein Reitweg ins Grüne. Der gute alte Kudamm ist lebhafter
Boulevard und Einkaufsmeile der City West. Die historische Rotunde
des Café Kranzler an der Joachimsthaler Straße wird überragt vom gläsernen »Neuen Kranzler Eck«. Am Fuß des Hochhauses überrascht eine
kleine Oase mit Bänken und zwei Volieren mit exotischen Vögeln. Beim
Kudamm-Bummel lohnt es sich auch, durch die eleganten Seitenstra-
ßen zu flanieren. In der **Fasanenstraße** ➡ F3 liegt das Literaturhaus, das
sich die Räumlichkeiten in einer eleganten Villa des 19. Jahrhunderts
mit dem stilvollen Restaurant im Wintergarten teilt.

Nördlich vom Kudamm führt die Fasanenstraße vorbei am noblen Hotel Bristol und am Jüdischen Gemeindehaus und stößt an der
Kantstraße auf den Delphi-Filmpalast, das **Theater des Westens** mit
seiner neoklassizistischen Fassade und das von Josef Paul Kleihues
entworfene Hochhaus Kantdreieck mit dem eigenwilligen Dachsegel.
Noch ein Stück weiter Richtung Norden gelangt man zum **Ludwig-
Erhard-Haus** ➡ E/F3, in dem u.a. die Börse untergebracht ist und
das seiner ausufernden Formen wegen »Gürteltier« genannt wird.

Berlin mit seinen gewaltigen Ausdehnungen – 45 Kilometer von
Ost nach West, 38 Kilometer von Nord nach Süd – und seinen zwölf
Bezirken, die alle einen eigenen Charakter bewahrt haben, lädt zu
weiteren Entdeckungsreisen ein: zu kleinen Spaziergängen durch
den Kiez, wie der Berliner sein Wohnviertel nennt, oder zu Ausflügen ins Grüne – mitten in der Stadt oder im weiten Umland. Der
Unternehmungslust sind keine Grenzen gesetzt.

*Bikini Berlin – Einkaufs-
zentrum am Zoo*

Zurück am Kudamm: Im Häuser-
block zwischen Uhland- und Knese-
beckstraße entsteht das neue Stadt-
quartier **Fürst** ➡ F3; nach Fertigstel-
lung wieder mit der Ausstellung »The
Story of Berlin«, die neu konzipiert
wird, und der Komödie am Kurfürstendamm.

Im weiteren Verlauf bis zum Ra-
thenauplatz bietet der Kurfürstendamm die ganz normale Berliner
Mischung aus Wohn- und Geschäfts-
häusern, die auch seinen Charme aus-
macht. Zur Luxusmeile wird er zwischen Bleibtreustraße und Olivaer
Platz ➡ F2/3, wo alle internationalen
Top-Designer und Nobeljuweliere
angesiedelt sind. Am Lehniner Platz
verdient das Haus der renommierten **Schaubühne** ➡ F2 Aufmerk-
samkeit. Die Fassade ist eine originalgetreue Rekonstruktion des von
Erich Mendelsohn in den 1920er Jahren errichteten Kinos, im Innern
erhielt der Neubau modernste Bühnentechnik.

Kulturszene und Spuren jüdischen Lebens –
Spandauer Vorstadt

*Immer gut besucht: die Lokale
in den S-Bahnbögen am Hackeschen Markt*

Hackescher Markt ➡ D8 und **Hackesche Höfe** sind beinahe ein Sy-
nonym für pulsierendes Großstadt-
leben, das Berliner und Touristen
in Scharen anzieht, abends und
nachts fast noch mehr als am Tag.
Um acht labyrinthische Höfe entstand Anfang des 20. Jahrhunderts
die typische Berliner Mischung aus
Wohnen, Gewerbe und Kultur.
Heute, nach umfangreicher Restaurierung, finden sich in dem
Komplex das Varieté Chamäleon,
Kinos, Galerien, Restaurants, Kneipen, schicke Geschäfte und immer
noch Wohnungen. Besonders
sehenswert ist der erste Hof mit
seinen farbigen Fliesen. Auch außerhalb der Höfe, vor allem an der
Oranienburger und der Rosenthaler Straße, reihen sich Bars, Boutiquen, Restaurants und Galerien
aneinander.

In der Sophienstraße sind die
Sophiensaele ➡ D8, ehemals Ball-
säle und Versammlungsstätten

Im Herzen von Kreuzberg liegt der U-Bahnhof Görlitzer Bahnhof

des 1844 gegründeten Berliner Handwerkervereins, Spielstätte für anspruchsvolles Off-Theater und Performance-Projekte. Die August-straße hat sich zur Galerien-Meile entwickelt; immer einen Besuch wert sind die **Kunst-Werke Berlin** ➡ C8, ein Ausstellungshaus für zeitgenössische Kunst.

Was heute quirliges Szeneviertel ist, war einst das Zentrum jüdischen Lebens. Ein Rundgang durch die **Spandauer Vorstadt**, die ihren Namen der Lage am Weg Richtung Spandau verdankt, bringt dem Besucher ein wichtiges Kapitel Berliner Geschichte näher. An der Großen Hamburger Straße liegen die Reste des ersten **jüdischen Friedhofs** ➡ D8. Unmittel-bar davor stand ein jüdisches Altenheim, das die Nazis zum Sammel-lager für Deportationen machten. Ein Mahnmal und ein Gedenkstein erinnern daran. In der Jüdischen Oberschule daneben werden heute auch Schüler anderer Konfessionen unterrichtet.

Weithin sichtbar glänzt die goldene Kuppel der **Neuen Synagoge** ➡ D8 in der Oranienburger Straße. Nachdem sie in der »Reichskristall-nacht« 1938 durch einen mutigen Polizisten vor der Zerstörung bewahrt wurde, fiel sie dann 1943 Bomben zum Opfer. 1991 war der Wieder-aufbau des Vordergebäudes und der Kuppel vollendet. Die Umrisse der zerstörten Synagoge sind auf dem Freigelände markiert und damit die einstigen Dimensionen erkennbar. Nebenan, in einem integrierten Neubau, gibt das jüdische Kulturzentrum **Centrum Judaicum** Einblick in die Geschichte der Berliner Juden. Aktuelles jüdisches Leben findet man u. a. in der Tucholskystraße mit dem Beth-Café und in der August-straße. Hier sind in die ehemalige Jüdische Mädchenschule mehrere Galerien und das Restaurant Candyman eingezogen.

Alternativ-kreativ – Friedrichshain-Kreuzberg

Der Bezirk Kreuzberg-Friedrichshain, durch die Spree getrennt und die Oberbaumbrücke verbunden, ist neben Neukölln Berlins tren-digstes Szeneviertel. Die größte Kneipendichte auf Friedrichshainer Seite findet sich zwischen dem »Boxi«, dem **Boxhagener Platz** ➡ E12, der Simon-Dach-Straße und dem RAW-Gelände. Beim ehemaligen Reichsbahn-Ausbesserungswerk haben sich vielfältige Initiativen angesiedelt, von Clubs und Bars, Kunst und Kultur über Skaterhalle und Kletterturm bis zum noblen Pool mit Sonnendeck. Vorsicht im Gedränge!

Familienfreundlich ist der 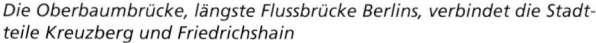 **Volkspark Friedrichshain** ➡ C/D10/11, davon zeugt schon der Märchenbrunnen am südwestlichen Eingang (Am Friedrichshain/Friedenstraße). Zentrale Achse des Stadtteils ist die **Karl-Marx-Allee** ➡ D9–E12, die vom Frankfurter Tor an der Warschauer Straße bis zum Alexanderplatz führt. Die rund 1500 Meter bis zum Strausberger Platz sind Deutschlands längstes Baudenkmal und zugleich Denkmal des sozialistischen Aufbauwillens. Hier entstanden 1952–58 an der damaligen Stalinallee bis zu neun Stockwerke hohe Hochhäuser im Zuckerbäckerstil mit kleinteiligem Fassadenschmuck und prunkvollen Säulen. Gemeinsam mit dem zeitgleich erbauten West-Berliner Hansaviertel ist das Bauensemble Anwärter auf den UNESCO-Welterbetitel.

Dem südöstlichen Teil Kreuzbergs, genannt **SO 36** ➡ F/G9–11 nach dem früheren Postbezirk, verdankt der Stadtteil seine Bekanntheit als Zentrum der Hausbesetzer und alternativen Szene. Inzwischen sind auch hierher Unternehmen sowie feine Restaurants und Kneipen gezogen. Sehenswürdigkeiten in dieser Gegend sind u. a. die auf einstigem Grenzgebiet wiederhergestellte Gartenanlage im Engelbecken ➡ F9/10 (mit Café am Wasser), die lebhafte Oranienstraße ➡ F9/10 und das **Bethanien** ➡ F10 am Mariannenplatz. Das ehemalige Krankenhaus beherbergt mehrere Kunstprojekte und Kulturinitiativen.

Im **Viktoriapark** ➡ G/H7 bietet der 66 Meter hohe Kreuzberg schöne Aussichten. Bekrönt wird er von Schinkels 20 Meter hohem Nationaldenkmal zur Erinnerung an die Befreiungskriege (1813–15). Eine Besonderheit ist der künstliche Wasserfall, der nachts und im Winter abgestellt wird.

Durch den Viktoriapark nach Norden und weiter Richtung Osten über den Mehringdamm hinweg geht es durch die Bergmannstraße mit ihren angesagten Bars und Restaurants, alternativen Boutiquen und freakigen Läden zum lebhaften **Marheinekeplatz** ➡ G8. In der über 100 Jahre alten, einladend modernisierten Markthalle gibt es hervorragende Delikatessenstände, an denen man auch probieren kann. Die am Nordostrand liegende Passionskirche ist ein beliebter

Die Oberbaumbrücke, längste Flussbrücke Berlins, verbindet die Stadtteile Kreuzberg und Friedrichshain

Veranstaltungsort für Rock- und Jazz-Konzerte.

Eine andere Kulturmeile nördlich von Landwehrkanal und Hochbahn verbindet Museen und Gedenkstätten, die sich alle, dicht am ehemaligen Grenzstreifen, auf unterschiedliche Weise mit deutscher Geschichte auseinandersetzen. Dazu gehören das **Jüdische Museum Berlin** ➡ F8, die **Berlinische Galerie** ➡ F8, das **Mauermuseum – Museum Haus am Checkpoint Charlie** ➡ E/F8, die **»BlackBox«** ➡ E8 mit Dokumenten zum Kalten Krieg, die Panorama-Installation zum geteilten Berlin **»asisi Panorama DIE**

Eine der trendigsten Straßen Berlins: die Kastanienallee

MAUER« ➡ E8, die Gedenkstätte mit Dokumentationszentrum **Topographie des Terrors** ➡ F7 und das Ausstellungshaus **Gropius Bau** ➡ F7 an einer markanten Schnittstelle zwischen West und Ost.

An der Schnittstelle zwischen Kreuzberg und Schöneberg erstreckt sich auf ehemaligem Eisenbahngelände der **Park am Gleisdreieck** ➡ F/G6/7, der das **Deutsche Technikmuseum Berlin** ➡ G7 umrahmt. Der große Park ist eine beliebte Spielwiese für Groß und Klein mit einigen Ruhezonen und dem Brauhaus mit Biergarten **BRLO Brwhouse** ➡ F6 am U-Bahnhof Gleisdreieck.

Lebensart – Prenzlauer Berg

Prenzlauer Berg war in den späten DDR-Jahren Treffpunkt der Ost-Berliner Bohème. Hier nahm die Friedliche Revolution 1989 ihren Anfang, eroberten sich in den wilden 1990er Jahren Künstler und Alternative ihre Freiräume. Berlins legendäres Nachtleben lockte immer mehr Kreative und Touristen an. Investoren folgten und veränderten die Gegend um den **Kollwitzplatz** ➡ B9. Heute fühlen sich vor allem junge Familien wohl.

Das Wahrzeichen des Stadtteils ist der einstige **Wasserturm** ➡ C9/10. In alter Pracht restauriert wurde die **Synagoge** in der Rykestraße, mit 2000 Plätzen eine der größten in Europa. Ein Kultur- und Gewerbezentrum ist die **KulturBrauerei** ➡ B9, in der bis 1967 Bier gebraut wurde. Das Bauwerk aus rotem und gelbem Backsteinklinker mit seinen markanten Türmen ist ein imposantes Beispiel für die Industriearchitektur des 19. Jahrhunderts. Auf dem Gelände zwischen Schönhauser Allee und Knaackstraße, Sredzki- und Danziger finden sich Kinos, Theater, Clubs, Cafés, Restaurants und Biergärten, Verlage, Läden, Büros und das **Museum in der Kulturbrauerei**, das einen Blick auf den Alltag in der DDR wirft. Westlich der »Schönhauser«, in der Kastanienallee, der Oderberger Straße und im Mauerpark, pulsiert das Prenzlauer-Berg-Leben, ebenso nördlich der Danziger Straße rund um den **Helmholtzplatz** ➡ B9/10.

Aufbruchstimmung im Problembezirk – Neukölln

Viel Kultur unter einem Dach: Neuköllner Oper und Passage Kino

Alles neu in Neukölln! Nicht nur während Berlins populärem Kunstfestival »48 Stunden Neukölln« stehen hier Kunst und Kultur auf dem Programm; das Image als düsteres Migrantenviertel hat der Stadtteil dagegen längst hinter sich gelassen. Den Anfang der Entwicklung zum Trendbezirk Nummer Eins machte der **Reuterkiez** ➡ G/H10/11 rund um die gleichnamige Straße: Angezogen von den damals günstigen Mieten gaben Künstler und Studenten dem einstigen Ghetto der Geringverdiener binnen kürzester Zeit ein neues Gesicht.

Südlich von Kreuzkölln, wie das neu entstandene Szeneviertel aufgrund seiner Nähe zu Kreuzberg auch genannt wird, hat sich ebenfalls einiges getan. An der viel befahrenen Karl-Marx-Straße zieht neben renommierten Kulturinstitutionen, wie dem **Heimathafen Neukölln** und der **Neuköllner Oper** ➡ J11, die auf dem Dach eines Parkhauses eröffnete Bar Klunkerkranich mit DJs und fantastischem Blick über die Stadt Publikum an. Zwischen den beiden Magistralen des Quartiers, der Hermann- und der Karl-Marx-Straße, liegt das Gartendenkmal **Körnerpark**, das »Sanssouci Neuköllns«. Die große Terrasse des Cafés sowie Konzerte und Ausstellungen in der ehemaligen Orangerie bilden einen starken Kontrast zum städtischen Leben rundherum.

Dem einheitlichen Straßenbild aus Handyläden und Ein-Euro-Shops trotzt auch das alte **Rixdorf** um den nahe gelegenen Richardplatz: Schulhaus, Scheunen, Schmiede und Kirche, die 1737 böhmische Glaubensflüchtlinge erschufen, verbreiten ländliches Flair.

Der **Schillerkiez** ➡ J10 rund um den Herrfurthplatz westlich der Karl-Marx-Straße hat von der Schließung des benachbarten Tempelhofer Flughafens 2008 profitiert: In den kleinen, symmetrisch angeordneten Straßen gibt es mittlerweile viele Ateliers, kleine Läden und Cafés, die mit ihren unverputzten Wänden oder Retrotapeten und zusammengewürfeltem »Omi«-Mobiliar ein lässiges Shabby-Chic-Flair verbreiten. Die weite Fläche des **Tempelhofer Felds** ➡ J8/9 sowie die alten Flughafengebäude sind beliebt als Veranstaltungsort und Naherholunsgebiet.

Die Installation »Tempelhofer Kunstflugfeld«

Berliner Größen –
Wannsee und Grunewald

»…und dann nüscht wie raus nach Wannsee«, heißt es für viele Berliner, wenn es an warmen Tagen in der Stadt unerträglich wird. Havel und Wannsee bieten Wassersportlern viele Möglichkeiten. Bis zu 50 000 Badegäste finden im Strandbad **Wannsee** Platz, der **Große Wannsee** ➡ dC/dD3 ist besonders bei Seglern beliebt. Am **Kleinen Wannsee** kann man ein Ruderboot mieten oder sich auf literarische Spurensuche begeben: Nahe der Bismarckstraße 3 im Wald markiert eine Gedenkstätte

Die Villa des Malers Max Liebermann am Wannsee

den Ort, an dem der Dichter Heinrich von Kleist mit Henriette Vogel im November 1811 aus dem Leben schied.

In der Straße Am Großen Wannsee lädt die **Liebermann-Villa am Wannsee** zu einem Besuch ein. Hier verbrachte der Maler Max Liebermann viele Sommermonate und verewigte den schönen Garten auf zahlreichen Gemälden, von denen viele hier am Ort der Entstehung zu bewundern sind. Ein paar Häuser weiter erinnert die **Gedenkstätte Haus der Wannsee-Konferenz** ➡ dD3 an die Tagung, bei der 1942 die »Endlösung der Judenfrage« festgeschrieben wurde.

Spaziergänger zieht es auch in den **Grunewald** ➡ dC3/4 oder den **Volkspark Klein-Glienicke** ➡ dD3 zu beiden Seiten der Königstraße. Südlich liegt das **Jagdschloss Klein-Glienicke** (heute eine Bildungsstätte) – von hier aus führt eine schmale Brücke nach **Babelsberg**, das schon zu Potsdam gehört, und zum Schloss Babelsberg. Von dessen Vorplatz hat man den schönsten Blick auf die **Glienicker Brücke** und auf die wasser- und waldreiche Potsdam-Berliner Kulturlandschaft, die seit 1990 auf der UNESCO-Welterbeliste steht.

Nördlich der Königstraße liegt auf einer Anhöhe mitten im Volkspark Glienicke das russisch inspirierte Blockhaus **Nikolskoë**, das schon im frühen 19. Jahrhundert Ausflügler bewirtete. Daneben steht die **Kirche St. Peter und Paul** mit ihrem russisch-orthodox anmutenden Zwiebelturm.

Von hier ist es nicht mehr weit zur Fähre, die auf die idyllische ✿ **Pfaueninsel** ➡ dD3 übersetzt. Friedrich Wilhelm II. (1744–97) ließ hier ein Schloss im romantischen Ruinenstil errichten. Wer heute die Pfaueninsel betritt, lässt die Großstadt weit hinter sich. Hier findet man Ruhe, zauberhafte Gärten, überraschende Parkbauten und abwechslungsreiche Wege durch den Landschaftspark, der zugleich Naturschutzgebiet ist (S-Bhf. Wannsee und Bus 218; zur Glienicker Brücke Bus 316).

Vom Fähranleger auf dem »Festland« führt ein Spazier- und Radweg zum **Schloss Glienicke** ➡ dD3, das 1824 von Schinkel sein italienisches Aussehen erhielt. Mitten auf der geschichtsträchtigen Glienicker Brücke beginnt das Stadtgebiet von Potsdam. ∎

Museen und Galerien, Architektur und andere Sehenswürdigkeiten, Gedenkstätten

Infos und Tipps zu Berliner Museen

Die Seite www.museumsportal-berlin.de gibt einen Überblick über die Museumslandschaft in Berlin und Potsdam. Zudem ermöglichen zahlreiche Suchkriterien die individuelle Planung und es werden auch Tipps zum Sparen aufgeführt. So ist in vielen Berliner Museen der erste Sonntag im Monat eintrittsfrei.

Auskunft zu allen Fragen rund um die Berliner Museen, Gedenkstätten und Archive, Schlösser und Gärten gibt es beim Museumsdienst Berlin unter: ✆ (030) 24 74 98 88, www.museumsdienst.berlin.

Insgesamt 19 Häuser gehören zu den **Staatlichen Museen zu Berlin – Preußischer Kulturbesitz.** Auf der ❸ **Museumsinsel** finden sich das Alte Museum, die Alte Nationalgalerie, das Bode-Museum, das Neue und das Pergamonmuseum sowie: Pergamonmuseum. Das Panorama, der Kolonnadenhof und die James-Simon-Galerie. Ein Kombi-Tagesticket ist erhältlich. Außerdem gibt es den Museumspass Berlin, der an drei aufeinanderfolgenden Tagen freien Eintritt in über 30 Museen gewährt. Nähere Infos unter ✆ (030) 266 42 42 42, www.smb.museum. Interessant ist auch die **WelcomeCard** (vgl. S. 91).

Museen und Galerien

AlliiertenMuseum ➧ dC4
Clayallee 135, Zehlendorf
U3: Oskar-Helene-Heim, Bus X83/ 115: AlliiertenMuseum
✆ (030) 818 19 90
www.alliiertenmuseum.de
Eintritt frei
Geschichte der Westmächte in Berlin (1945–94) mit dem letzten Wachhäuschen vom Checkpoint Charlie und Sonderausstellungen.

Große Meister sind in der Alten Nationalgalerie versammelt

❸ **Altes Museum/Antikensammlung** ➧ D8
Bodestr. 1–3, Mitte
Eingang: Am Lustgarten
S3/5/7/9: Hackescher Markt, U5, Bus 100/300: Museumsinsel
✆ (030) 266 42 42 42
www.smb.museum
Karl Friedrich Schinkel entwarf das Gebäude (1823–30), das als erstes Königliches Museum in Preußen eröffnet wurde. Heute führt es in »Antike Welten«. Im Hauptgeschoss zeigt die Antikensammlung griechische Kunst in eindrucksvollen Arrangements. Zu den Spitzenwerken gehört die Skulptur der »Betende Knabe«. Im Obergeschoss sind Schätze der Etrusker und Römer zu sehen.

❸ **Alte Nationalgalerie** ➧ D8
Bodestr. 1–3
Mitte
S3/5/7/9: Hackescher Markt, U5, Bus 100/300: Museumsinsel
✆ (030) 266 42 42 42
www.smb.museum

Der Bau in Gestalt eines griechischen Tempels stammt von dem Schinkel-Schüler Friedrich August Stüler (erbaut 1867–76). Das Haus bietet einen kostbaren Rahmen für Meisterwerke des 19. Jh. (Gemälde und Skulpturen). Zu den Highlights gehören Gemälde der Romantik, Stadtansichten von Eduard Gaertner, Meisterwerke der Impressionisten sowie Skulpturen von Auguste Rodin. Gemälde von Max Liebermann, Adolf Menzel und die Prinzessinnengruppe von Johann Gottfried Schadow sind weitere Glanzpunkte.

Das Bauhaus-Archiv/Museum für Gestaltung wurde errichtet von den Architekten Walter Gropius, Alex Cvijanovic und Hans Bandel

Bauhaus-Archiv/Museum für Gestaltung ➡ F5
Klingelhöferstr. 14, Mitte
✆ (030) 254 00 20, www.bauhaus.de
Wegen Umbau geschl.
Temporärer Standort: Knesebeckstr. 1, Charlottenburg
Eintritt frei
Das 1979 nach Entwürfen von Walter Gropius errichtete Gebäude wird saniert und mit einem Neubau von Volker Staab erweitert. Ein temporärer Projektraum für Ausstellungen und Veranstaltungen befindet sich in der Knesebeckstr. 1.

Berlin Story Museum ➡ F7
Schönebergerstr. 23 A, Kreuzberg
S1/2/25, Bus M29/M41: Anhalter Bahnhof
✆ (030) 26 55 55 46
www.berlinstory.de
In einem ehemaligen Luftschutzbunker wird an 30 Stationen chronologisch die Geschichte Berlins erzählt. Am gleichen Ort zeichnet die Dokumentation »Hitler – wie konnte es geschehen« detailliert Aufstieg, Völkermord und Untergang des NS-Regimes nach. Zeit mitbringen!

Berlinische Galerie – Museum für moderne Kunst ➡ F8
Alte Jakobstr. 124–128, Kreuzberg
U6: Hallesches Tor
✆ (030) 78 90 26 00
berlinischegalerie.de
In dem ehemaligen Glaslager wird neben aktuellen Ausstellungen ein breites Panorama von Kunstwerken präsentiert, die in Berlin entstanden oder für Berlin von Bedeutung sind. Zu den prominentesten Namen gehören Lesser Ury, Otto Dix, George Grosz, Erich Heckel, Heinrich Zille und Georg Baselitz.

❸ Bode-Museum ➡ D8
Bodestr. 1–3, Mitte, Eingang: Am Kupfergraben
S-Bahn: Friedrichstraße, U5, Bus 100/300: Museumsinsel
✆ (030) 266 42 42 42
www.smb.museum
Als Kaiser-Friedrich-Museum 1897–1904 auf der Inselspitze errichtet, beherbergt das Haus heute die Skulpturensammlung, das Münzkabinett und das Museum für Byzantinische Kunst. Ausgewählte Werke der Gemäldegalerie ergänzen die Präsentation der Skulpturen.

Bröhan-Museum ➡ D1
Schloßstr. 1 A, Charlottenburg
U2: Sophie-Charlotte-Platz, Bus M45: Schloss Charlottenburg
✆ (030) 32 69 06 00
www.broehan-museum.de

Das Spezial- und Epochenmuseum (1889–1939) konzentriert sich auf internationale Werke des Jugendstil, Art déco und Funktionalismus. Die Sammlung umfasst Porzellan, Glas, Keramik, Silber- und Metallarbeiten, Möbel, Teppiche, Lampen sowie Grafiken und Gemälde von Malern der Berliner Secession wie Hans Baluschek, Karl Hagemeister und Willy Jaeckel. Zudem wechselnde Ausstellungen.

Brücke-Museum ➡ dC4
Bussardsteig 9, Dahlem
Bus 115: Pücklerstr.
✆ (030) 83 90 08 60
www.bruecke-museum.de
Kombiticket mit Kunsthaus Dahlem
Herausragende Sammlung von Werken der »Brücke«-Maler Ernst Ludwig Kirchner, Erich Heckel, Karl Schmidt-Rottluff und anderer, präsentiert in wechselnden Ausstellungen. Café im Kunsthaus Dahlem.

C/O Berlin – Galerie im Amerika Haus ➡ E/F3
Hardenbergstr. 22–24
Charlottenburg
S-/U-Bahn: Zoologischer Garten
✆ (030) 28 44 41 60
www.co-berlin.org
Ausstellungen zur historischen und zeitgenössischen Fotografie.

Die Deutsche Kinemathek nimmt Besucher mit auf einen Streifzug durch die deutsche Filmgeschichte

DDR Museum ➡ D8
Karl-Liebknecht-Str. 1, Mitte
S3/5/7/9: Hackescher Markt, U5, Bus 100/300: Museumsinsel
✆ (030) 847 12 37 30
www.ddr-museum.de
Zeitreise in ein untergegangenes Land: Die interaktive Präsentation lässt den Alltag in der DDR lebendig werden. Themen sind u. a. Wohnen, Freizeit, Kultur, aber auch Staat, Ideologie, Mauer, Opposition, Stasi-Überwachung.

Deutsche Kinemathek – Museum für Film und Fernsehen ➡ E6
Potsdamer Str. 2, Tiergarten
S-/U-Bahn, Bus M41/M48/200/300: Potsdamer Platz
✆ (030) 303 00 90 30
www.deutsche-kinemathek.de
Ein Streifzug durch die deutsche Film- und Fernsehgeschichte; ein Schwerpunkt ist der Nachlass von Marlene Dietrich. Zudem wechselnde Themenausstellungen.

Deutsches Historisches Museum im Pei-Bau ➡ D8
Eingang Pei-Bau: Hinter dem Gießhaus 3, Mitte
U5, Bus 100/300: Museumsinsel
✆ (030) 20 30 40, www.dhm.de
Die Dauerausstellung im barocken Zeughaus, 1695–1706 erbaut, ist wegen Sanierung bis Ende 2025 geschlossen. Wechselnde Ausstellungen zu historischen Ereignissen, Epochen und Entwicklungen sind im Pei-Bau (1917–2019), der Ausstellungshalle des Architekten I. M. Pei, zu sehen.

Deutsches Spionagemuseum ➡ E7
Leipziger Platz 9, Mitte
S-/U-Bahn, Bus M41/M48/200/300: Potsdamer Platz
✆ (030) 398 20 04 51, www.deutsches-spionagemuseum.de
In Deutschlands einzigem Spionagemuseum geht es multimedial und interaktiv durch das Schattenreich der Spione und Geheim-

Der chinesisch-amerikanische Stararchitekt I. M. Pei entwarf die moderne Ausstellungshalle des Deutschen Historischen Museums

dienste. Die Zeitreise führt von der Antike bis in die Gegenwart, von babylonischen Kundschaftern bis zu Big Data.

Deutsches Technikmuseum Berlin
Vgl. S. 71.

Deutschlandmuseum ➡ E7
Leipziger Platz 7, Mitte
℡ (030) 200 09 03 00
www.deutschlandmuseum.de
Seit Juni 2023 präsentiert das interaktive 4-D-Museum die 2000-jährige Geschichte in zwölf Etappen. Weite Aussichten, Umgebungsgeräusche und Gerüche erwecken historischen Orte zum Leben.

Forum Willy Brandt ➡ E7
Behrenstr. 15, Mitte
S-/U-Bahn: Brandenburger Tor, U5/6: Unter den Linden
℡ (030) 78 77 07 18
willy-brandt.de, Eintritt frei
Die Ausstellung informiert über den ehemaligen Bundeskanzler und die politischen Entwicklungen im 20. Jh.

Friedrichswerdersche Kirche
➡ E7
Werderscher Markt, Mitte

U5: Museumsinsel
℡ (030) 266 42 42 42
www.smb.museum, Eintritt frei
In der 1824–30 nach Karl Friedrich Schinkels Plänen erbauten Kirche, einem Hauptwerk der Neogotik, präsentiert die Ausstellung »Ideal und Form« Skulpturen des 19. Jahrhunderts aus der Sammlung der Nationalgalerie.

Futurium ➡ D6
Alexanderufer 2, Mitte
S-/U-Bahn: Hauptbahnhof
℡ (030) 408 18 97 77
futurium.de
Eintritt frei
Im Haus der Zukünfte dreht sich alles um die Frage: Wie wollen wir leben? In der Ausstellung können die Besucher viele mögliche Zukünfte entdecken, im Forum gemeinsam diskutieren und im Futurium Lab eigene Ideen ausprobieren. Es geht um Arbeitswelt, Wohnform, ökonomische Modelle, Einsatz von Technologien und Erhalt der Natur – und das Zusammenspiel von all dem. Tolle Aussicht vom »Skywalk« auf dem Dach.

⑧ Gemäldegalerie im Kulturforum Potsdamer Platz ➡ E6
Matthäikirchplatz, Tiergarten

Das Kulturforum bietet hochkarätige Museen wie die Gemäldegalerie

S-/U-Bahn: Potsdamer Platz, Bus M48/M85: Kulturforum, 200/300: Philharmonie
☏ (030) 266 42 42 42
www.smb.museum
Die Sammlung von Weltrang umfasst mehr als 1000 Meisterwerke der europäischen Malerei vom 13. bis zum 18. Jh. Der Gebäudekomplex beherbergt auch das **Kupferstichkabinett**, die **Kunstbibliothek** (Eintritt frei) und Sonderausstellungshallen.

Georg-Kolbe-Museum ➡ dC3
Sensburger Allee 25
Charlottenburg, S 3/9, Bus X34/M49/X49/218: Heerstraße

Gegenwartskunst steht im Mittelpunkt der Ausstellungen im Hamburger Bahnhof

☏ (030) 304 21 44
georg-kolbe-museum.de
Wechselnde Ausstellungen im Atelier des Bildhauers Georg Kolbe (1877–1947); Skulpturengarten unter Kiefern. Mit nettem Café.

GropiusBau ➡ F7
Niederkirchnerstr. 7, Kreuzberg
S-/U-Bahn: Potsdamer Platz, S-Bahn: Anhalter Bahnhof
☏ (030) 254 86-0
www.berlinerfestspiele.de
Berlins schönstes Ausstellungshaus, Ende des 19. Jh. von Martin Gropius und Heino Schmieden im Renaissancestil erbaut, zeigt vor allem Ausstellungen in Zusammenarbeit mit zeitgenössischen Künstlerinnen und Künstlern.

Hamburger Bahnhof – Nationalgalerie der Gegenwart ➡ C6
Invalidenstr. 50/52, Mitte
S-/U-Bahn: Hauptbahnhof
☏ (030) 266 42 42 42
www.smb.museum
Berlins ältester Bahnhof (1846) wurde nach Plänen des Architekten Josef Paul Kleihues rekonstruiert und erweitert. Im Mittelpunkt der Dauerausstellung steht die Kunst von 1960 bis heute, darunter Werke von Künstlern wie Andy Warhol, Anselm Kiefer oder Joseph Beuys, dem eine eigene Abteilung gewidmet ist. Es werden auch Werke aus der Friedrich Christian Flick Collection gezeigt.

❷ Humboldt Forum ➡ D8
Schloßplatz, Unter den Linden 3
Mitte
U5, Bus 100/300: Museumsinsel,
Bus 147: Berliner Schloss
ℂ (030) 992 11 89 89
www.humboldtforum.org
Tickets: tickets.humboldtforum.
org
Geschichte des Ortes: Schlosskeller, Videopanorama, Skulpturensaal, Eintritt frei
Nach der Natur: www.humboldt-labor.de, Eintritt frei
Berlin Global: berlin-global-ausstellung.de
Ethnologisches Museum: www.smb.museum, Eintritt frei
Museum für Asiatische Kunst: www.smb.museum, Eintritt frei
Präsentation: Einblicke. Die Brüder Humboldt: Eintritt frei

Temporäre Sonderausstellungen: vgl. Website
Mit zwei Museen, diversen Ausstellungen und einem umfangreichen Veranstaltungsprogramm ist der Neubau in der Kubatur des einstigen Berliner Schlosses ein Ort für Kunst und Kultur, Wissenschaft und Bildung – und mit seinen Freiflächen, Restaurants und Shops auch ein neuer Treffpunkt an zentralem Ort (vgl. auch S. 37).

Jüdisches Museum Berlin ➡ F8
Lindenstr. 9–14, Kreuzberg
U1/3/6: Hallesches Tor, Bus 248: Jüdisches Museum
ℂ (030) 25 99 33 00
www.jmberlin.de
Schon vor der Eröffnung im Jahr 2001 erregte der spektakuläre Bau von Daniel Libeskind Aufse-

Der moderne Bau des Jüdischen Museums wird von Licht- und Sehschlitzen durchbrochen

hen. 2007 fügte der Stararchitekt aus New York einen außergewöhnlichen Raum (Glashof) aus Glas und Stahl hinzu. Libeskind hat auch den Erweiterungsbau für Bildungsprogramme und Forschung gegenüber entworfen. ANOHA, die Kinderwelt des Jüdischen Museums Berlin, steht Familien offen (vgl. S. 70).

Die Dauerausstellung widmet sich mit traditionellen Objekten und zeitgenössischen Kunstinstallationen, Mitmach-Angeboten und Hands-on-Stationen der jüdischen Geschichte und Kultur in Deutschland.

Hinzu kommen Wechselausstellungen und ein umfangreiches Begleitprogramm. Beliebt sind die Sommerveranstaltungen im Garten. Das **Café eßkultur** serviert Speisen aus der jüdischen und israelischen Küche.

Kunstgewerbemuseum ➡ E6
Matthäikirchplatz
Tiergarten
S-/U-Bahn: Potsdamer Platz, Bus M48/M85: Kulturforum, 200/300: Philharmonie
✆ (030) 266 42 42 42
www.smb.museum
Streifzug durch die Geschichte des Kunstgewerbes vom Mittelalter bis zur Gegenwart, mit herausragenden Zeugnissen des europäischen Kunsthandwerks und Designs sowie einer reizvoll gestalteten Modegalerie. Interessante Sonderausstellungen.

Kunsthaus Dahlem ➡ dC4
Käuzchensteig 8, Dahlem
Bus 115: Pücklerstraße
✆ (030) 83 22 72 58
kunsthaus-dahlem.de
Kombiticket mit Brücke-Museum Kunst der deutschen Nachkriegsmoderne (1945–1961) im ehemaligen Staatsatelier von Arno Breker. Im Steinatelier und unter Kiefern serviert das **Café im Kunsthaus** Kaffee und Kuchen.

Liebermann-Villa am Wannsee
Vgl. S. 75.

Märkisches Museum ➡ E9
Am Köllnischen Park 5, Mitte
U2: Märkisches Museum
✆ (030) 24 00 21 62
www.stadtmuseum.de
Wegen Umbau geschl.
Die Dauerausstellung »Berlin-ZEIT« führt mit charakteristischen Objekten, Audioguide und Mitmach-Stationen unterhaltsam durch prägende Ereignisse der Stadtgeschichte.

Mauermuseum – Museum Haus am Checkpoint Charlie ➡ E/F8
Friedrichstr. 43–45, Kreuzberg
U6: Kochstraße
✆ (030) 253 72 50
www.mauer-museum.com
Das übervolle Museum dokumentiert u. a. waghalsige Fluchtversuche.

Museum Berggruen ➡ D1
Schloßstr. 1, Charlottenburg
Bus M45: Luisenplatz/Schloss Charlottenburg
✆ (030) 266 42 42 42
www.smb.museum
Ticket gilt auch für Sammlung Scharf-Gerstenberg
Die großartige Sammlung der Klassischen Moderne von Heinz Berggruen (1914–2007), ergänzt durch weitere Leihgaben der Familie, umfasst über 100 Werke von Pablo Picasso, zudem Arbeiten von Paul Klee, Henri Matisse und Alberto Giacometti.

Museum Europäischer Kulturen ➡ dC4
Lansstr. 8, Zehlendorf
U3: Dahlem-Dorf
✆ (030) 266 42 42 42
www.smb.museum
Das Museum Europäischer Kulturen beleuchtet Lebenswelten und Kulturkontakte in Europa vom 18. Jh. bis heute.

Museum für Fotografie – Helmut Newton Stiftung ➜ E4
Jebensstr. 2, Charlottenburg
S-/U-Bahn: Zoologischer Garten
✆ (030) 266 42 42 42
helmut-newton-foundation.org
Kurz vor seinem Tod 2004 hat der Starfotograf gemeinsam mit den Staatlichen Museen zu Berlin die Pläne für seine Stiftung entwickelt und das ehemalige Landwehrkasino am Bahnhof Zoo zu einem modernen Ausstellungshaus umbauen lassen. Im Erdgeschoss illustrieren die Dauerausstellung »Helmut Newton's Private Property« und die Exponate in »The Living Room« wichtige Etappen in Helmut Newtons Leben und Werk. Im ersten Stock werden halbjährlich wechselnde Ausstellungen gezeigt.

Museum für Kommunikation Berlin
Vgl. S. 71.

Museum für Naturkunde
Vgl. S. 71 f.

❽ Neue Nationalgalerie ➜ E/F6
Potsdamer Str. 50, Tiergarten
S-/U-Bahn: Potsdamer Platz, Bus M48/M85: Kulturforum
✆ (030) 266 42 42 42
www.smb.museum
Seit 2021 ist Ludwig Mies van der Rohes 1965–68 erbauter Tempel aus Licht, Glas und Stahl nach langjähriger Sanierung wieder zugänglich. In das Sockelgeschoss sind Hauptwerke aus der Sammlung der Nationalgalerie von der Klassischen Moderne bis zu den 1960er-Jahren zurückgekehrt und in der Halle sind Sonderausstellungen zeitgenössischer Kunst zu sehen.

❸ Neues Museum ➜ D8
Bodestr. 1–3, Mitte
S3/5/7/9: Hackescher Markt
U5, Bus 100/300: Museumsinsel
✆ (030) 266 42 42 42
www.smb.museum
Seit Oktober 2009 hat Berlin ein neues Museum, das eigentlich ein sehr altes ist. Friedrich August Stüler errichtete das Gebäude 1843–1855 als zweites Museum auf der Museumsinsel. Bei Bombenangriffen während des Zweiten Weltkriegs stark beschädigt wurden erst 1985 Notsicherungen vorgenommen. 2003 begann der Wiederaufbau nach Plänen des Architekten David Chipperfield,

Direkt am Bahnhof Zoo: das Museum für Fotografie – Helmut Newton Stiftung

Im Neuen Museum zu bestaunen: die Büste der Nofretete

der die erhaltene Substanz mit modernen Einbauten verband. Das **Ägyptische Museum** und die Papyrussammlung konnten 2009 an ihren ursprünglichen Standort zurückkehren. Außerdem beherbergt das Neue Museum das **Museum für Vor- und Frühgeschichte**, das u. a. die Reproduktionen des Troja-Fundes von Heinrich Schliemann und den Berliner Goldhut zeigt, sowie Teile der Antikensammlung.

PalaisPopulaire ➡ D8
Unter den Linden 5, Mitte
U5: Museumsinsel, Bus: 100/300: Staatsoper
℃ (030) 202 09 30
palaispopulaire.db.com
Eintritt frei
Das Forum für Kunst, Kultur und Sport der Deutschen Bank zeigt wechselnde Ausstellungen aus der eigenen Kunstsammlung und von Gastinstitutionen. Im Haus gibt es das Café/Restaurant **LePopulaire**.

❸ **Pergamonmuseum** ➡ D8
Bodestr. 1–3, Mitte
Eingang durch den Kolonnadenhof
S3/5/7/9: Hackescher Markt, U5, Bus 100/300: Museumsinsel
℃ (030) 266 42 42 42
www.smb.museum

Ishtartor im Pergamonmuseum: Detail eines Löwenreliefs

Das 1910–30 als letzter Bau auf der Museumsinsel »passend« für den imposanten Pergamonaltar errichtete Museum beherbergt Teile der Antikensammlung (u. a. das Markttor von Milet), das Vorderasiatische Museum mit dem Ischtar-Tor und der Prozessionsstraße von Babylon sowie das Museum für Islamische Kunst mit der Fassade des Wüstenschlosses Mschatta (Jordanien). Wegen Sanierung bleibt der Saal mit dem Pergamonaltar bis voraussichtlich 2025 geschlossen.

Pergamonmuseum. Das Panorama ➡ D8
Museumsinsel Berlin
Am Kupfergraben 2
Mitte
U-/S-Bahn: Friedrichstraße
℃ (030) 266 42 42 42
www.smb.museum
Rund 80 »Meisterwerke der antiken Metropole«, darunter der größte Teil des Telephos-Frieses vom Pergamonaltar, sind in einer zeitgemäßen Präsentation zu sehen. Höhepunkt ist das 360-Grad-Panorama von Yadegar Asisi, das in Dutzenden kleinteiligen Szenen den Alltag in Pergamon im Jahr 129 n. Chr. lebendig werden lässt.

Sammlung Scharf-Gerstenberg ➡ D1
Schloßstr. 70, Charlottenburg
Bus M45: Luisenplatz/Schloss Charlottenburg
℃ (030) 266 42 42 42
www.smb.museum
Die Sammlung zeigt über 250 Meisterwerke der Surrealisten und ihrer Vorläufer, von Piranesi, Goya und Redon bis zu Dalí, Magritte, Max Ernst und Dubuffet.
    An der Südseite des kleinen Platzes vor dem Café befindet sich die **Abgusssammlung Antiker Plastik** der Freien Universität Berlin (abguss-sammlung-berlin.de).

The Wall Museum Eastside Gallery ➡ F11
Mühlenstr. 78, Friedrichshain
S-/U-Bahn: Warschauer Straße
✆ 030 94 51 29 00
thewallmuseum.com
Im Mühlenspeicher gibt das private Museum Einblicke in die Geschichte der deutsch-deutschen Teilung.

Zille-Museum ➡ E9
Propststr. 11, Mitte
U2: Klosterstraße
✆ (030) 24 63 25 00
zillemuseum-berlin.com
Die Dauerausstellung Heinrich Zille – Leben und Werk zeigt originale Zeichnungen, Lithografien und Fotografien des Künstlers (1858–1929), den seine *Milljöh*-Bilder unsterblich machten.

Zitadelle Spandau und Stadtgeschichtliches Museum
Vgl. S. 44.

Architektur und andere Sehenswürdigkeiten

Akademie der Künste
– Pariser Platz 4, Mitte ➡ E7
S-/U-Bahn, Bus 100: Brandenburger Tor
✆ (030) 200 57 10 00
www.adk.de
– Hanseatenweg 10, Tiergarten ➡ D5
S3/5/7/9: Bellevue, U9: Hansaplatz
✆ (030) 200 57 20 00
Ausstellungen vgl. Website
Zwei Häuser, eine Einrichtung. In beiden Häusern gibt es vielfältige Ausstellungen und Veranstaltungen; beide verfügen auch über einen Buchladen und ein Café.
  Der transparente Neubau am Pariser Platz hat die Ruine des ursprünglichen Gebäudes integriert.
  Im Tiergarten entfaltet der 1960er-Jahre-Bau einen eigenen Charme.

»Milljöh«-Zeichnung à la Zille

Alexanderplatz ➡ D9
Mitte, S-/U-Bahn: Alexanderplatz
Der »Ochsenplatz«, 1805 anlässlich des Besuchs des Zaren Alexander I. umbenannt, entwickelte sich ab 1882 zu einem Verkehrsknotenpunkt und geschäftigen Zentrum. Ende der 1920er Jahre modernisiert blieben von den damaligen Umbauten nur die

Ein bekanntes Werk im Zille-Museum: Berlinerinnen, schwarze und farbige Kreiden, Aquarell

Bürohäuser (Alexander- und Berolina-Haus) von Peter Behrens erhalten. Zur DDR-Umgestaltung gehören v. a. der Brunnen der Völkerfreundschaft, die Weltzeituhr und die westlichen Hochhausblöcke. An der Südostseite fallen das renovierte »Haus des Lehrers« mit einem umlaufenden Bildfries und der flache Kuppelbau der Kongresshalle (heute bcc-berlin congress center) aus den 1960er Jahren auf. Auf dem Platz finden häufig Themenmärkte statt. Vom Dach des Park Inn Hotels können sich Mutige mit dem **Base Flyer** 100 m sicher in die Tiefe stürzen (www.base-flying.de).

Alte Bibliothek ➡ E8
Bebelplatz, Mitte
U5/6: Unter den Linden, Bus 100/300: Staatsoper
Die geschwungenen barocken Formen brachten dem 1780 fertiggestellten Bau den Namen »Kommode« ein. Heute ist er Teil der Humboldt-Universität (Juristische Fakultät). Daneben befand sich das Alte Palais, 1834–36 von Carl Ferdinand Langhans erbaut; die Fassade Unter den Linden wurde 1962 rekonstruiert.

Berliner Dom ➡ D8
Am Lustgarten 1, Mitte
U5, Bus 100/300: Museumsinsel
✆ (030) 20 26 91 36
www.berlinerdom.de
Kaiser Wilhelm II. ließ den schlichten »Schinkel-Dom« abreißen und den neobarocken Monumentalbau errichten (1894–1905). Der Wiederaufbau nach der Kriegszerstörung begann erst 1975 und dauerte fast 20 Jahre. Sehenswert: große Sauer-Orgel, Predigtkirche, die Kuppel mit ihren restaurierten Mosaikbildern und vom Kuppelumgang (270 Stufen Aufstieg) die Aussicht, außerdem Trau- und Taufkirche. Die Hohenzollerngruft ist wegen Sanierung voraussichtlich bis März 2025 geschlossen.

Berliner Mauer
Vgl. S. 45 f.

Botanischer Garten
Vgl. S. 70 f.

⑤ Brandenburger Tor ➡ E7
Pariser Platz, Mitte
S-/U-Bahn, Bus 100: Brandenburger Tor
Das 1791 von Carl Gotthard Langhans nach dem Vorbild der Propy-

Markant: der Berliner Dom auf der Spreeinsel; im Hintergrund der Fernsehturm

läen von Athen fertiggestellte Tor ist ein Wahrzeichen Berlins und Symbol der Einheit. Karl Friedrich Schinkel machte 1814 die von Johann Gottfried Schadow als Friedensgöttin gestaltete Wagenlenkerin der Quadriga (1793) durch Einfügen des Preußischen Adlers und des Eisernen Kreuzes zur Siegesgöttin. Bei der Neugießung 1958 wurden die preußischen Symbole entfernt, bei der Restaurierung 1991 wieder eingefügt.

Checkpoint Charlie ➡ E/F8
Friedrichstr. 43–45, Kreuzberg
U6: Kochstraße
BlackBox Kalter Kieg
☏ (030) 216 35 71
blackbox-kalter-krieg.de
asisi Panorama DIE MAUER
www.die-mauer.de, www.asisi.de
Großformatige Fotos auf Galeriewänden am Straßenrand sowie eine Ausstellung mit Originalobjekten, Medienstationen und Dokumenten in der Black Box informieren über die Bedeutung des ehemaligen Grenzübergangs und zeichnen am historischen Ort der Panzerkonfrontation von 1961 die weltpolitischen Zusammenhänge im Kalten Krieg nach. Yadegar Asisis monumentales Panorama DIE MAUER vermittelt ein eindringliches Bild von der Normalität in der geteilten Stadt.

East Side Gallery ➡ F11
Mühlenstr., Friedrichshain
S-/U-Bahn: Warschauer Straße
www.stiftung-berliner-mauer.de/de/east-side-gallery, interaktive App:
interaktiv.eastsidegalleryberlin.de
Das mit 1300 m längste erhaltene Mauerstück in Berlin, 1990 von 118 Künstlern aus 21 Ländern mit 105 Bildern zu den Themen Frieden und Freiheit bemalt, steht unter Denkmalschutz.

Ephraim-Palais ➡ E9
Poststr. 16, Mitte
U2: Klosterstraße

Der originalgetreue Nachbau der Kontrollbaracke am Checkpoint Charlie zählt zu den bekanntesten Sehenswürdigkeiten Berlins

☏ (030) 24 00 21 62
www.stadtmuseum.de
Das 1761–65 für den Hofjuwelier und Bankier Veitel Heine Ephraim gestaltete Gebäude galt als das schönste Berliner Privathaus. Das Stadtmuseum präsentiert hier wechselnde Sonderausstellungen zu Themen rund um die Geschichte und Kultur Berlins. Außerdem Veranstaltungen und Workshops.

❶ Fernsehturm ➡ D9
Alexanderplatz, Mitte
S-/U-Bahn: Alexanderplatz
☏ (030) 247 57 58 75, tv-turm.de
Empfehlenswert: Ticket für Aussichtsterrasse bzw. Drehrestaurant vorab online kaufen
Der 368 m hohe Turm, 1965–69 nach einem Entwurf von Hermann Henselmann erbaut, erlaubt bei klarem Wetter 60 km Fernsicht. Mit Panoramaetage mit Infotafeln (203 m), VR-Zeitreise »Berlin's

Die Hackeschen Höfe bilden das größte Hofensemble Europas

Odyssey« und Drehrestaurant Sphere (207 m; 30 bzw. 60 Min. pro Umdrehung). Zum Vergleich: Der **Funkturm** ➡ bB2 (1924–26) auf dem Messegelände ist 150 m hoch.

❹ Gendarmenmarkt ➡ E8
Mitte, U2/6: Stadtmitte
U5: Unter den Linden
Bis Ende 2024 Baustelle
Der schönste Platz Berlins erhielt seinen Namen nach dem Regiment Gens d'Armes, das hier 1736–73 seine Wache und Ställe hatte. 1821 eröffnete am Platz Schinkels Schauspielhaus; dessen Wiederaufbau (1967–84) ist heute das Konzerthaus Berlin (vgl. S. 62).

Französischer Dom am Gendarmenmarkt

Die **Friedrichstadtkirche** wurde für die zugezogenen Glaubensflüchtlinge aus Frankreich erbaut (1701–05). Die Kuppel – besser bekannt als **Französischer Dom** – kam 1780–85 hinzu. Im Erdgeschoss befindet sich das **Hugenottenmuseum** (www.hugenottenmuseum-berlin.de).

Auf der Südseite des Platzes ist im **Deutschen Dom** eine Ausstellung zur Geschichte der Demokratie in Deutschland zu sehen (www.bundestag.de/deutscherdom).

Hackesche Höfe ➡ D8
Rosenthaler Str. 40/41, Mitte
S3/5/7/9: Hackescher Markt
Restaurants, Kino, Theater und Varieté beleben die mit Jugendstilelementen prächtig restaurierten Höfe.

Im Hof der Rosenthaler Straße 39 dokumentiert das nicht restaurierte Haus Schwarzenberg mit dem **Museum Blindenwerkstatt Otto Weidt** (www.museumblindenwerkstatt.de, Eintritt frei) und dem **Anne Frank Zentrum** (www.annefrank.de) Themen des Nationalsozialismus. Otto Weidt beschäftigte und versteckte in seiner Blindenwerkstatt jüdische Arbeiter, die dadurch den Holocaust überlebten.

Haus der Kulturen der Welt
➡ D6
John-Foster-Dulles-Allee 10
Tiergarten
U5, Bus 100: Bundestag
✆ (030) 39 78 70
www.hkw.de
Als Geschenk der Amerikaner an Berlin wurde die Kongresshalle 1957 eingeweiht. Die geschwungene Dachkonstruktion aus Beton stürzte 1980 ein. Zur 750-Jahr-Feier Berlins (1987) wieder aufgebaut präsentiert das Haus heute internationale zeitgenössische Künste (Bildende Kunst, Musik, Literatur, Performance, Film, digitale Medien) und versteht sich als Forum

Von den Anlegestellen am Haus der Kulturen (r.) starten verschiedene Schiffstouren

für aktuelle Debatten und gesellschaftliche Entwicklungen. Im Sommer Veranstaltungen auch auf der Dachterrasse und am Spreeufer.

Holzmarkt ➡ E10
Holzmarktstr. 25, Friedrichshain
S3/5/7/9: Ostbahnhof
www.holzmarkt.com
Wo einst die legendäre Bar 25 das Partyvolk anlockte, entstand (und entsteht weiter) ein Ort zum Wohnen und Arbeiten, mit Kultur- und Kreativ-Park, für Musik und Kunst, zum Abhängen an der Spree, zum Essenfassen auf dem Marktplatz oder Fine Dining im Restaurant **Kater Schmaus** (www.katerschmaus.de).

② Humboldt Forum ➡ D8
Schlossplatz, Mitte
U5, Bus 100/300: Museumsinsel,
Bus 147: Berliner Schloss
✆ (030) 992 11 89 89
www.humboldtforum.org
»Ein Schloss für Berlin, ein Forum für die Welt«: Der Neubau nach einem Entwurf von Franco Stella zeigt sein modernes Gesicht an der Spreeseite und in der Innengestaltung. Für die drei Stadtseiten und im Schlüterhof wurden die barocken Fassaden des Berliner Schlosses rekonstruiert. Auch die Kuppel, die Preußenkönig Friedrich Wilhelm IV. (1795–1861) über dem Westportal errichten ließ, wurde nachgebaut. Gastronomie und Shop beleben das Areal; Passage und Schlüterhof sind durchgehend geöffnet. Zu Museen und Ausstellungen vgl. S. 29.

Kaiser-Wilhelm-Gedächtniskirche
➡ F4
Breitscheidplatz, Charlottenburg
S-/U-Bahn: Zoologischer Garten
www.gedaechtniskirche-berlin.de
Gottesdienste, Abendmusik, Führungen und Konzerte vgl. Website
Die Kirche wurde von Kaiser Wilhelm II. 1891 zum Gedenken an seinen Großvater Kaiser Wilhelm I. in Auftrag gegeben, im neoromanischen Stil erbaut und überreich ausgestattet. Im Krieg stark beschädigt blieben nur die Eingangshalle (Gedenkhalle) mit eindrucksvollen Mosaiken und der Turm erhalten. Um die Kriegsruine, die zum West-Berliner Mahn- und Wahrzeichen wurde, errichtete Egon Eiermann 1959–1961 einen markanten Neubaukomplex.

KulturBrauerei ➡ A9
Schönhauser Allee 36–39, Prenzlauer Berg, Eingang Knaackstr.
U2, Tram M10: Eberswalder Straße
✆ (030) 44 35 21 70
www.kulturbrauerei.de
Theater, Kino, Restaurants, Musikclubs, Partys, Kneipen, Biergarten und ein Museum zum Alltag in der DDR auf dem Gelände der ehemaligen Schultheiss-Brauerei. Streetfood-Markt (sonntags).

⑧ Kulturforum Potsdamer Platz
➡ E/F6
Matthäikirchplatz, Tiergarten
S-/U-Bahn, Bus M41/M48/200/300: Potsdamer Platz
www.smb.museum
www.nationalgalerie20.de

Zum Ensemble rund um die St. Matthäuskirche (19. Jh.), kultureller Anziehungspunkt nahe dem Potsdamer Platz, gehören die Museumsbauten für die **Gemäldegalerie** (Hilmer & Sattler, 1998), das **Kunstgewerbemuseum** (Rolf Gutbrod, 1978–85), Ludwig Mies van der Rohes **Neue Nationalgalerie** sowie die von Hans Scharoun in den 1950er Jahren geplanten Gebäude **Staatsbibliothek, Philharmonie, Kammermusiksaal** und **Musikinstrumenten-Museum**. 2020 haben die Bauarbeiten für das Museum des 20. Jahrhunderts begonnen.

Mauerpark ➡ A/B8/9
Gleimstr. 55
Prenzlauer Berg
U8: Bernauer Straße, U2: Eberswalder Straße
✆ (030) 60 98 00 18
www.mauerpark.info
www.gruen-berlin.de
Das Freizeitgelände mit Spiel-, Sport- und Picknickwiesen auf dem ehemaligen Todesstreifen zwischen Wedding und Prenzlauer Berg ist besonders sonntags beliebt. Ein Flohmarkt findet statt, Gaukler, Künstler und Musiker treten auf und beim Karaoke

Die Nikolaikirche ist die älteste Kirche Berlins

im »Bärenzwinger«-Amphitheater darf jeder sein Können zeigen. Auf den bis 2020 neu entwickelten Flächen Richtung Westen, die das Parkgelände verdoppelt haben, finden sich auch ruhigere Plätze.

Neue Synagoge/Centrum Judaicum ➡ D8
Oranienburger Str. 28–30
Mitte
S-Bahn: Oranienburger Straße
✆ (030) 880 28-300
centrumjudaicum.de
1866 nach einem Entwurf von E. Knoblauch von F. A. Stüler im maurischen Stil gebaut. 1958 wurde das durch Bomben schwer beschädigte Innere gesprengt, nur die Fassade blieb erhalten. Noch vor 1989 begann der teilweise Wiederaufbau, 1995 wurde in alten und neuen Räumen das **Centrum Judaicum** (Kulturzentrum und Ausstellungen) eröffnet.

Nikolaikirche – Stadtmuseum Berlin ➡ D/E9
Nikolaikirchplatz, Mitte
U2: Klosterstraße, U5: Berliner Rathaus
✆ (030) 240 02-162
www.stadtmuseum.de
Der Feldsteinunterbau stammt aus dem Jahr 1230, das gotische Kirchenschiff aus dem 15. Jh., die Türme wurden im 19. Jh. errichtet. 1981–87 wurde die während des Kriegs zerstörte Kirche wieder aufgebaut und 2010 umfassend saniert. Die Dauerausstellung beleuchtet 800 Jahre Berliner Nikolaikirche, die Architektur-, Kirchen- und Musikgeschichte.

Oberbaumbrücke ➡ F11
Am Oberbaum, Friedrichshain-Kreuzberg, U1: Schlesisches Tor
Die Brücke über die Spree, 1896 eröffnet, wurde 1945 auf Befehl Hitlers gesprengt. Nach dem Krieg repariert wurde sie nach dem Mauerbau 1961 gesperrt und

Die Karaoke-Show im Mauerpark ist längst Kult

diente ab 1972 als Grenzübergang für Fußgänger. Seit 1995 fahren wieder Autos und die Hochbahn über die Brücke, die Kreuzberg und Friedrichshain verbindet. Tolles Panorama, besonders schön bei Sonnenuntergang.

Oberbaum City und Südufer der Spree ➡ F/G12
Friedrichshain
S-/U-Bahn: Warschauer Straße

Am Nordufer der Spree wurde ein ehemaliges Eierkühlhaus zum Bürokomplex »Spree-Speicher« umgebaut. Daneben logiert der Musikproduzent Universal.

Nördlich davon, auf dem Gelände einer ehemaligen Glühlampenfabrik, liegt das Büro- und Geschäftsquartier Oberbaum City. Am Südufer, vor dem Hochhaus der Allianz Versicherungs AG, dem **Treptower**, steht die

Friedhöfe

Auf den Friedhöfen findet man nicht nur Ruhe, sondern auch Einsichten in die Kulturgeschichte, denn viele Berühmtheiten, die in Berlin gelebt, gearbeitet, geforscht haben, sind auch hier begraben.

In Schöneberg etwa liegen die Gebrüder Grimm und der Mediziner Rudolf Virchow auf dem **Alten St.-Matthäus-Kirchhof** ➡ G6, auf dem **Friedhof Schöneberg III** ➡ J3 kann man Marlene Dietrich und Helmut Newton besuchen. Besonders hoch ist die »Promidichte« auf dem **Dorotheenstädtischen Friedhof** ➡ C7 in Mitte. Hier ruhen u. a. Bert Brecht, Helene Weigel, Georg Wilhelm Friedrich Hegel, Johann Gottlieb Fichte, Karl Friedrich

Grabskulptur für Thomas Brasch von Alexander Polzin auf dem Dorotheenstädtischen Friedhof

Schinkel, Heinrich Mann, Heiner Müller, Bernhard Minetti, Herbert Marcuse, Johannes Rau, Christa Wolf und Otto Sander.

Mit einer Fläche von über 40 Hektar und 115 000 Gräbern ist der 1880 eingeweihte **Jüdische Friedhof Weißensee** ➡ A/B12/13 (www.jg-berlin.org) der größte noch bestehende jüdische Friedhof Europas. Ein Rondell mit einem Stein in der Mitte erinnert an die sechs Millionen Opfer der nationalsozialistischen Verfolgung. Zu den Berliner Persönlichkeiten, die hier beigesetzt sind, gehören der Politiker Max Hirsch, der Maler Lesser Ury sowie die Verleger Samuel Fischer und Rudolf Mosse.

Die 30 m hohe Skulptur »Molecule Man« von J. Borofsky ragt weithin sichtbar aus der Spree

monumentale Skulptur **Molecule Man** (30 m) des US-amerikanischen Künstlers Jonathan Borofsky in der Spree.

Nahebei (Eichenstraße) befindet sich die **Arena**, ein Kulturzentrum mit Konzerthalle, Clubs und **Badeschiff**.

Olympiastadion ➡ dC3
Olympischer Platz 3
Charlottenburg
S-/U-Bahn: Olympiastadion
☎ (030) 30 68 88 88
olympiastadion.berlin
Verschiedene Führungen
Rund um das Stadion, für die Olympischen Spiele 1936 erbaut, wurde ein Geschichtspfad angelegt; 45 Tafeln informieren über die Geschichte des ehemaligen »Reichssportfelds« sowie über die Bauten und Kunstwerke aus der Frühzeit des Nationalsozialismus. Zum weitläufigen Olympiapark gehören auch Schwimm-, Hockey- und Reiterstadion, das Maifeld mit Glockenturm (Aussichtsturm, www.glockenturm.de), die Waldbühne sowie das Deutsche Sportforum.

Park am Gleisdreieck ➡ F/G6/7
Eingänge u. a.: Schöneberger Ufer, Tiergarten; Luckenwalder Str.,

Kreuzberg, U1/2: Gleisdreieck, U7, S1/2/25: Yorckstraße
Stadtwildnis, Rasenflächen, Wäldchen, Liegewiesen, Ruhezonen, Spielplätze, Sportflächen, Spazierwege, »Rennstrecken« für Skater und Radfahrer, Naturerlebnisräume und Urban Gardening: Für jeden ist etwas dabei im großen Park zwischen Kreuzberg und Schöneberg. Mittendrin: das Deutsche Technikmuseum Berlin und die Brauerei mit Biergarten und Restaurant BRLO Brwhouse.

Potsdamer Platz ➡ E/F6/7
Tiergarten, S-/U-Bahn: Potsdamer Platz
Aus der »größten Baustelle Europas« in den 1990er Jahren wurde ein neuer Stadtteil in der Mitte Berlins. Den Masterplan schuf der italienische Stararchitekt Renzo Piano. Das Quartier Potsdamer Platz beherbergt u. a. Wohnungen, Büros, Läden, Bars, Cafés und Restaurants, das Theater am Potsdamer Platz/Berlinale-Palast, die Spielbank Berlin, das Luxushotel Grand Hyatt, das Kino-Center CinemaxX, das Theater der Blue Man Group sowie das Einkaufszentrum **The Playce**, ehemals Potsdamer Platz Arkaden. Auch sonst hat sich hier in jüngster Zeit einiges geändert: Die Alte Potsdamer Straße wurde in eine Fußgängerzone verwandelt, Hochhäuser wurden modernisiert und wegen veränderter Besitz- bzw. Mietverhältnisse kam es zu Umbenennungen: Der Forum Tower heißt nun profan Potsdamer Platz 11 und das Sony Center bis auf Weiteres **»Das Center am Potsdamer Platz«**.

Letzteres liegt jenseits der Potsdamer Straße und trägt die kühne Handschrift von Helmut Jahn aus Chicago. Unter dem schwebenden Zeltdach haben sich u. a. Restaurants und die **Deutsche Kinemathek – Museum für Film und Fernsehen** eingerichtet. In die Räumlichkeiten des historischen

Hinter dem Eingang zum Bahnhof Potsdamer Platz erheben sich die Hochhäuser Potsdamer Platz 11, Kollhoff-Tower und Bahntower (v. l. n. r.)

Grand Hotel Esplanade ist ein Gastronomiekomplex mit Restaurant, Bars, Lounge und Deli eingezogen.

Nordöstlich, am Lenné-Dreieck, schließt sich das **Beisheim Center** mit fünf Gebäuden an, die sich an der amerikanischen Architektur der 1930er Jahre orientieren. Die beiden 5-Sterne-Hotels, Ritz-Carlton Berlin und Marriott-Hotel, unterscheiden sich innen mehr als außen: Das Ritz Carlton setzt auf gediegene Eleganz mit Kronleuchtern und Freitreppe, das Marriott gibt sich avantgardistisch, u. a. mit einer Lichtinstallation im 35 m hohen Atrium.

Als Solitär zwischen den Baukomplexen ragt das **Kollhoff-Hochhaus,** ein Klinkerbau aus roten und braunen Sichtziegeln, 101 m in den Himmel – eine großartige Rundumsicht bietet sich von der Aussichtsplattform mit Café **Panoramapunkt Berlin**, zu der man mit dem »schnellsten Aufzug Europas« gelangt (✆ 030-25 93 70 80, panorama punkt.de).

Am östlich angrenzenden **Leipziger Platz** hat mit der Mall of Berlin eines der größten Shoppingcenter der Stadt eröffnet.

❻ Reichstag ➡ **D7**
Platz der Republik 1
Tiergarten
U5: Bundestag, S-/U-Bahn, Bus 100: Brandenburger Tor
✆ (030) 227-321 52, -359 08
www.bundestag.de

»Dem Deutschen Volke«: Das Parlamentsgebäude des Deutschen Reichs wurde in den 1990er Jahren für den Deutschen Bundestag umgebaut

Besuch von Kuppel und Dachterrasse nur mit vorheriger Anmeldung sowie abhängig von Witterungs- und Sicherheitslagen, aktuelle Infos auf der Website www.bundestag.de/besuche, Eintritt frei

Teilnahme an Plenarsitzungen auf der Besuchertribüne sowie an Führungen durch den Deutschen Bundestag nach Anfrage

Das Parlamentsgebäude des Deutschen Reichs wurde 1884–94 nach Plänen von Paul Wallot erbaut. Der »Reichstagsbrand« 1933 zerstörte u.a. die Kuppel sowie den Plenarsaal. Beim Einzug der Roten Armee hissten Soldaten auf dem Dach die rote Fahne; 1957–72 wurde das Gebäude rekonstruiert, 1995 in einer spektakulären Aktion von Christo und Jeanne-Claude verhüllt und 1996–99 für den Deutschen Bundestag umgebaut.

Aus der gläsernen Kuppel (23,5 m hoch, 40 m breit), von Sir Norman Foster entworfen, genießt man herrliche Aussichten über die Stadt. Einsichten gibt es in den Plenarsaal, die Flure sind Stell- und Hängefläche für zeitgenössische Kunst. Restaurant auf der Dachterrasse.

Schloss Bellevue ➡ D5
Spreeweg 1, Tiergarten
S-Bahn: Bellevue
1785 erbaut, früher Schloss des Prinzen Ferdinand von Preußen, heute Amtssitz des Bundespräsidenten und nicht zu besichtigen. Wenn die Standarte auf dem Dach weht, befindet sich der Präsident in Berlin. Einmal im Jahr lädt der Bundespräsident zu einem Tag der offenen Tür in Schloss und Garten ein.

⑨ Schloss Charlottenburg ➡ D1
Spandauer Damm 10–22
Charlottenburg
Bus M45/109/309: Schloss Charlottenburg
☎ (030) 32 09 10, www.spsg.de
Das Lustschloss Sophie Charlottes, Gattin des Kurfürsten Friedrich III. (König Friedrich I.), 1695 von J. A. Nering erbaut, wurde von den bedeutendsten Baumeistern erweitert und umgebaut. Knobelsdorff schuf den Neuen Flügel für Friedrich II., 1791 kam der westlich angrenzende Theaterbau von C. G. Langhans hinzu, der auch das Belvedere im Schlosspark baute. Schinkel entwarf das Mausoleum für Königin Luise (1776–1810) sowie den Neuen

Blick auf Schloss Charlottenburg vom Spandauer Damm aus über den Ehrenhof

Der Sitz des Bundespräsidenten: Schloss Bellevue

Pavillon. Nach schweren Kriegs-zerstörungen wurde das Schloss ab 1946 wieder aufgebaut.

Zu besichtigen sind u. a. kö-nigliche Wohnräume, Festsäle, Schlosskapelle und Porzellanka-binett. Die Ausstattung repräsen-tiert höfische Kulturgeschichte vom Barock bis ins frühe 20. Jh. Zu den Kunstschätzen gehört die größte Sammlung französischer Malerei des 18. Jh. außerhalb Frankreichs.

Der Schlossgarten mit seinem restaurierten Barockparterre lädt zum Flanieren ein. Im Ehrenhof hat das Reiterstandbild von An-dreas Schlüter »Der große Kur-fürst« einen würdigen Platz.

Schloss und Park Glienicke
➡ dD3
Königstr. 36, Wannsee
S1/7: Wannsee, dann Bus 316
✆ (0331) 969 42 00
www.spsg.de
Die Schlossanlage (Kavalierflü-gel, Kasino, Klosterhof) wurde ab 1824 von Schinkel und Schülern für Prinz Carl von Preußen im Stil der Romantik unter Einbeziehung eines Vorgängerbaus errichtet. Die weitläufige **Parkanlage** mit gestalteten Durchblicken auf die Potsdamer Schlösser und Gär-ten stammt von Peter Joseph Lenné. Im Schloss sind fürstliche Wohnräume und das **Hofgärtner-museum Glienicke** zu besichtigen. Regelmäßig finden Kammerkon-zerte statt.

Schloss Schönhausen ➡ db4
Tschaikowskistr. 1, Pankow
S2/8/9, U2 bis Pankow, weiter mit Bus 150/250, Tram M1
✆ (030) 40 39 49 26 25
www.spsg.de
Das Haus lädt ein zu einem Streif-zug durch 300 Jahre preußische und deutsche Geschichte: Im 18. Jh. verbrachte Königin Elisabeth Christine, Gemahlin Friedrichs des Großen, hier die Sommermonate. Die Nationalsozialisten nutzen die Räume als Depot für »Entartete Kunst«. In der DDR residierten hier zunächst der Präsident, spä-ter DDR-Staatsgäste. Schließlich wurden hier 1990 beim Außen-ministertreffen der »Zwei-plus-Vier-Gespräche« die Weichen zur Wiedervereinigung gestellt.

Das Schloss zeigt im Erdgeschoss Kunstwerke und persönliche Ge-genstände aus dem Besitz Elisa-beth Christines. Im Obergeschoss vermittelt die Originalausstattung der Räume einen authentischen Eindruck davon, wie sich die DDR-Führung nach außen inszenierte. Ein Juwel der friderizianischen Baukunst ist der original erhaltene Rokoko-Festsaal im Obergeschoss.

St.-Hedwigs-Kathedrale ➡ E8
Hinter der Katholischen Kirche 3
Bebelplatz, Mitte
U5/6: Unter den Linden, Bus 100/300: Stasatsoper
www.hedwigs-kathedrale.de
Wegen Sanierung bis Herbst 2024 geschl.

Kathedrale des katholischen Bistums Berlin. Friedrich der Große demonstrierte seine Toleranz in Glaubensfragen, indem er die Kirche für die katholische Gemeinde 1747–73 an exponierter Stelle errichten ließ.

Siegessäule ➡ E5

Großer Stern, Tiergarten
U9: Hansaplatz, Bus 100/106/187: Großer Stern
Das Denkmal, gekrönt von der vergoldeten Siegesgöttin Viktoria, »Goldelse« genannt, erinnert an drei Siege der Preußen in den Kriegen gegen die Dänen (1864), gegen Österreich (1866) sowie ge-

Über dem Sockel mit dem Säulenumgang erhebt sich die Siegessäule, gekrönt wird sie von der Siegesgöttin Viktoria (oben)

gen Frankreich (1870/71). 285 Stufen führen auf die Aussichtsplattform mit herrlicher Rundumsicht über den Tiergarten.

Tränenpalast ➡ D7

Reichstagufer 17, Mitte
S-/U-Bahn: Friedrichstraße
✆ (030) 467 77 79 11
www.hdg.de/berlin
Eintritt frei
Tränen flossen reichlich an der Grenzübergangsstelle für die Ausreise von Ost nach West am Bahnhof Friedrichstraße. Am historischen Ort erzählt die ständige Ausstellung »Tränenpalast. Ort der deutschen Teilung« vor allem die persönlichen Geschichten von Zeitzeugen.

Zitadelle Spandau und Stadtgeschichtliches Museum ➡ aA2

Am Juliusturm 64, Spandau
U7: Zitadelle
✆ (030) 35 49 44-0
www.zitadelle-berlin.de
Die **Festung** entstand 1560–94 zum Schutz von Berlin. Heute ist die Zitadelle ein beliebtes Ausflugsziel in die frühe Berliner Geschichte. Im Zeughaus dokumentiert das **Stadtgeschichtliche Museum** Spandauer Ereignisse und Errungenschaften. Im Proviantmagazin zeigt die Dauerausstellung »Enthüllt« politische Denkmäler, die einst das Berliner Stadtbild prägten und später daraus verschwunden sind. Die Gewölbe sind eines der größten europäischen Quartiere für überwinternde Fledermäuse. In der Saison werden Fledermausführungen angeboten. Außerdem: Theater für Kinder, Konzerte, Freiluftfeste, das Citadel Music Festival sowie Sommertheater auf der **Freilichtbühne** an der Zitadelle. Das Restaurant **Zitadellenwirtschaft** entführt kulinarisch ins Mittelalter (zitadellenwirtschaft.de).

Zoologischer Garten

Vgl. S. 73.

Denkmal für die ermordeten Juden Europas

Gedenkstätten

❼ Denkmal für die ermordeten Juden Europas (Holocaust-Mahnmal) ➡ E7
Ebertstr./Behrenstr.
Ort der Information: Cora-Berliner-Str. 1, Mitte
S-/U-Bahn, Bus 100: Brandenburger Tor
✆ (030) 26 39 43 0
www.stiftung-denkmal.de
Denkmal jederzeit zugänglich
Eintritt frei
Beim **Stelenfeld** aus 2711 Betonelementen, dem von Peter Eisenman entworfenen Denkmal, erinnert der unterirdisch gelegene **»Ort der Information«** mit der Darstellung exemplarischer Familiengeschichten an die Opfer und stellt die Orte der Vernichtung vor.

Denkmal für die im Nationalsozialismus ermordeten Sinti und Roma Europas ➡ D7
Zwischen Brandenburger Tor und Reichstag
S-/U-Bahn, Bus 100: Brandenburger Tor
Der israelische Künstler Dani Karavan gestaltete ein Wasserbecken als Spiegel der Erinnerung.

Erinnerungsstätte Notaufnahmelager Marienfelde ➡ dC/dD4
Marienfelder Allee 66–80, Tempelhof, S2: Marienfelde
✆ (030) 75 00 84 00
www.stiftung-berliner-mauer.de
Eintritt frei
Erste Anlaufstelle für Flüchtlinge der DDR im Westen (1953–90), Dauer- und Sonderausstellungen.

Gedenkstätte Berlin-Hohenschönhausen ➡ dB5
Genslerstr. 66, Hohenschönhausen
Tram M6: Genslerstraße
✆ (030) 98 60 82 30
www.stiftung-hsh.de
Eintritt frei
Zeitzeugen und Historiker führen durch die frühere zentrale Untersuchungshaftanstalt der Stasi. Die Ausstellung »Inhaftiert in Hohenschönhausen« versammelt Zeugnisse politischer Verfolgung von 1945 bis 1989 und informiert über den Ort, die Täter und die Opfer.

❿ Gedenkstätte Berliner Mauer ➡ B/C7/8
Bernauer Str. 111, Mitte
S-Bahn: Nordbahnhof
✆ (030) 21 30 85-123, www.berliner-mauer-gedenkstaette.de
Eintritt frei
Die Gedenkstätte umfasst ein Besucherzentrum, das Dokumentationszentrum mit der multimedialen Dauerausstellung »1961|1989. Berliner Mauer«, das »Denkmal zur Erinnerung an die geteilte Stadt und die Opfer kommunistischer Gewaltherrschaft«, das Fenster des Gedenkens und die Kapelle der

*Gedenk- und Bildungsstätte Haus
der Wannsee-Konferenz*

✆ (030) 26 99 50 00
www.gdw-berlin.de
Eintritt frei
Ständige Ausstellung »Widerstand
gegen den Nationalsozialismus« im
historischen »Bendlerblock«, dem
ehemaligen Oberkommando des
Heers; Ehrenhof für die Opfer des
20. Juli 1944, die hier hingerichtet
wurden: Graf von Stauffenberg,
Olbricht, von Quirheim und von
Haeften.

Versöhnung, die an der Stelle steht,
an der 1985 die Versöhnungskir-
che gesprengt wurde. Im großen
Außenbereich auf dem ehemaligen Todesstreifen erläutern In-
formationsstelen mit Videos, Hör-
beispielen, Fotos und Texten den
Ort und Ereignisse an der Berliner
Mauer.

**Gedenkstätte Deutscher
Widerstand** ➡ E6
Stauffenbergstr. 13/14, Tiergarten
Bus M29: Gedenkstätte Deutscher
Widerstand

**Gedenk- und Bildungsstätte Haus
der Wannsee-Konferenz** ➡ dD3
Am Großen Wannsee 56–58
Zehlendorf
Bus 114 ab S-Bhf. Wannsee
✆ (030) 805 00 10, www.ghwk.de
Eintritt frei
Dauerausstellung »Die Bespre-
chung am Wannsee und der Mord
an den europäischen Jüdinnen und
Juden«.

Gedenkstätte Plötzensee ➡ B3
Hüttigpfad, Charlottenburg
S41/42: Beusselstraße, dann Bus

Die Berliner Mauer

28 Jahre lang trennte sie die
beiden Hälften der alten und
neuen Hauptstadt. Im Stadtbild sind von der Mauer nur wenige
Spuren erhalten, doch zahlreiche Gedenkorte, Infotafeln und Museen erinnern an die Teilung Berlins vom 13. August 1961 bis zum
9. November 1989.
   Zentraler Ort ist die 🔟 **Gedenkstätte Berliner Mauer** ➡ B/C7/8
an der Bernauer Straße. Auf dem ehemaligen Todesstreifen werden
originale Relikte der Grenzanlagen durch Nachzeichnungen ergänzt;
das Gedenkstättenareal reicht nordöstlich bis zum **Mauerpark**. Der
Berliner Mauerweg erschließt mit Informationstafeln die 160 Kilometer lange Trasse der ehemaligen Grenzanlagen um West-Berlin
für Fußgänger und Radfahrer. In den Innenstadtbezirken markiert
eine doppelte Pflastersteinreihe im Straßenboden den **Mauerverlauf** (rund 8 km), besonders auffällig
in der Niederkirchner Straße ➡ F7,
wo die Mauer genau zwischen dem
Gropius-Bau und dem heutigen Abgeordnetenhaus verlief. Hier, entlang
der Topographie des Terrors, sind auf
200 Metern auch Mauerreste erhalten. Das längste erhaltene Mauerstück ist die **East Side Gallery**.

*Birgit Kinders Trabi-Bild an
der East Side Gallery*

Ausstellungsgraben des Dokumentationszentrums Topographie des Terrors

123: Gedenkstätte Plötzensee
www.gedenkstaette-ploetzensee.de
Eintritt frei
2891 Menschen wurden hier zwischen 1933 und 1945 hingerichtet, darunter 86 Beteiligte und Mitwisser des Widerstands vom 20. Juli 1944.

Neue Wache ➡ D8
Unter den Linden 4, Mitte
U5: Museumsinsel, Bus 100/300: Staatsoper
Eintritt frei
Erster Staatsauftrag an Karl Friedrich Schinkel (1816). 1931 Umbau durch Heinrich Tessenow zum »Ehrenmal für die Gefallenen des Krieges 1914–18«; in der DDR »Mahnmal für die Opfer des Faschismus und Militarismus«; jetzt »Zentrale Gedenkstätte für die Opfer von Krieg und Gewaltherrschaft«.

Stasi-Museum/Campus für Demokratie ➡ östl. D/E13
Normannenstraße 20/Haus 1
Lichtenberg
U5: Magdalenenstraße
℗ (030) 553 68 54
www.stasimuseum.de
Aus dem riesigen Gelände der ehemaligen Stasizentrale ist ein Lernort zu Repression, Wider-

stand und Aufklärung geworden. In der Dauerausstellung »Staatssicherheit in der SED-Diktatur« sind u. a. die original erhaltenen Dienst- und Arbeitsräume von Erich Mielke zu sehen. Eine Open-Air-Ausstellung im Hof erinnert an »Revolution und Mauerfall« (revolution89.de). Das Stasi-Unterlagen-Archiv gibt im Haus 7/8 »Einblick ins Geheime« (www.stasi-unterlagen-archiv.de).

Topographie des Terrors ➡ F7
Niederkirchnerstr. 8
Kreuzberg
S-Bahn, Bus M 29: Anhalter Bahnhof, U 2: Potsdamer Platz
℗ (030) 25 45 09 50
www.topographie.de
Eintritt frei
Die Dauerausstellung im Dokumentationszentrum informiert über die europaweit verübten Verbrechen der NS-Schreckensherrschaft. Eine Open-Air-Ausstellung thematisiert die Folgen der nationalsozialistischen Politik für die Stadt. Auf dem Gelände befanden sich 1933–45 das Geheime Staatspolizeiamt mit eigenem »Hausgefängnis«, die Reichsführung-SS und während des Zweiten Weltkriegs auch das Reichssicherheitshauptamt. ▪

Übernachten
Hotels, Hostels, Pension

Die Auswahl an Unterkünften in der Hauptstadt ist riesig. Rund 800 Beherbergungsbetriebe verzeichnet die Statistik. Ob Hostel oder Luxusherberge, Standard-Hotelkette oder Boutique-Hotel, großzügige Apartments oder die traditionelle Berliner Pension – für jeden Geschmack und Geldbeutel ist die passende Unterkunft zu finden. Es gibt geschichtsträchtige Gebäude und innovative Konzepte, funktionale Business- und Kongresshotels und mutige Designer-Handschriften.

Viele Häuser bieten attraktive Arrangements, Frühbucher- und/oder ermäßigte Wochenendtarife an. Die Preise sind in der Regel günstiger als in anderen Städten Europas.

Die angegebenen Preiskategorien gelten für ein Doppelzimmer. Frühstück ist in der Regel nicht eingeschlossen. Bei Privatreisen wird zusätzlich eine Tourismusabgabe (City Tax) in Höhe von fünf Prozent des Netto-Übernachtungspreises erhoben.

€	– bis 80 Euro
€€	– 80 bis 150 Euro
€€€	– 150 bis 250 Euro
€€€€	– über 250 Euro

Hotels

Häuser mit Geschichte:

Hotel de Rome ➡ E8
Behrenstr. 37, Mitte
U5/6: Unter den Linden
✆ (030) 460 60 90
www.roccofortehotels.com

Das »Oktogon«, die Einganghalle im Westin Grand Berlin

Im einstigen Hauptquartier der Dresdner Bank lässt es sich luxuriös wohnen. Viele Details wie Säulen, Stuckelemente, Treppenhäuser, Glasdecken sind original erhalten. Die ehemalige Schalterhalle ist heute Ballsaal, der Tresorraum im Keller ein großer Wellnessbereich mit 20-m-Pool. Großartig: die Lounge auf der Dachterrasse. €€€€

The Westin Grand Berlin ➡ E7
Friedrichstr. 158–164, Mitte
U5/6: Unter den Linden
✆ (030) 202 70
www.marriott.com
Das einstige Vorzeigehotel der DDR hat seinen sozialistischen Plüsch längst verloren. Geblieben ist die glamouröse Lobby mit der effektvollen Freitreppe unter einem 30 m hohen Glas-Atrium. Mit Spa, Pool und einem zauberhaften Hofgarten. €€€

Mövenpick Hotel Berlin ➡ F7
Schöneberger Str. 3, Kreuzberg
S1/2/25: Anhalter Bahnhof
✆ (030) 23 00 60
movenpick.accor.com
Im ehemaligen Siemens-Verwaltungsgebäude wurde der imposante Chefetagen-Eindruck mit schweren Türen, hohen Decken und Eichenholzmobiliar bewahrt, aufgefrischt durch moderne Akzente. €€–€€€

Crowne Plaza Berlin Potsdamer Platz ➡ F7
Hallesche Str. 10–14, Kreuzberg
S1/2/25: Anhalter Bahnhof
✆ (030) 801 06 60, www.ihg.com
Im ehemaligen Post Palais, von dem aus rund 60 Jahre lang West-Berlins Briefpost verteilt wurde, erwartet die Besucher heute ein großzügig elegantes Hotel, das denkmalgeschützte Architekturelemente mit modernem, japanisch inspiriertem Design verbindet. Sehr populär: das Restaurant Layla (€€) des israelischen Chefkochs Meir Adoni. €€–€€€

Design-Hotels:

Michelberger Hotel ➡ F11
Warschauer Str. 39–40
Friedrichshain
U-/S-Bahn, Tram 10, Bus 300/347: Warschauer Straße
✆ (030) 29 77 85 90
www.michelbergerhotel.com
Originell und individuell in Größe und Ausstattung sind die Zimmer, von Cosy bis Luxus. Das sehr gute Restaurant mit Innenhof verarbeitet Produkte vom Michelberger Bauernhof. Abends gibt es Menü. €€€€

COSMO Hotel Berlin Mitte ➡ E8
Spittelmarkt 13, Mitte
U2: Spittelmarkt
✆ (030) 58 58 22 22
www.cosmo-hotel.de
Ein Haus für unternehmungslustige Leute, die die bunte Szene Berlins erleben wollen. Der Concierge gibt Tipps für angesagte Restaurants, Bars, Clubs und zum Shoppen. €€€–€€€€

ackselhaus & blue home ➡ C10
Belforter Str. 21, Prenzlauer Berg
U2: Senefelderplatz
✆ (030) 44 33 76 33
www.ackselhaus.de
Zwei typische Berliner Mietshäuser, sorgfältig restauriert, überraschen mit ganz unterschiedlichen,

Beherbergte einen berühmten Jazzmusiker: Ellington Hotel

mit Antiquitäten und Kuriositäten individuell gestalteten Zimmern, Suiten und Apartments. €€–€€€€

25hours Hotel Bikini Berlin ➡ F4
Budapester Str. 40
Charlottenburg
S/U-Bahn: Zoologischer Garten
✆ (030) 120 22 10
www.25hours-hotels.com
»Urban Jungle« mit Blick auf den Zoo und üppigen Pflanzen im ganzen Haus. 149 Zimmer in klarem Design mit verspielten Details. Szenetreff ist die Monkey Bar mit Terrasse im zehnten Stock, ebenso beliebt gleich nebenan das Restaurant Neni (ostmediterrane Küche, €€). €€€

nhow Berlin ➡ F12
Stralauer Allee 3, Friedrichshain
S-/U-Bahn: Warschauer Straße
✆ (030) 290 29 90
www.nhow-hotels.com
Spektakuläre Architektur, außergewöhnliches Design: Mit avantgardistischen Formen und Bonbonfarben wendet sich das neue nhow-Hotel an ein junges, zahlungskräftiges Publikum. €€–€€€

Die Top-Klassiker:

Hotel Adlon Kempinski Berlin
➡ E7
Unter den Linden 77, Mitte
S-/U-Bahn, Bus 100: Brandenburger Tor
✆ (030) 226 10, www.kempinski.com
Das legendäre Adlon am Pariser Platz verwöhnt mit Luxus pur. Elegante Zimmer und Suiten in warmen Farbtönen mit edlen Materialien. Großer Spa-Bereich. €€€€

Grand Hyatt Berlin ➡ E6
Marlene-Dietrich-Platz 2
Tiergarten
S-/U-Bahn: Potsdamer Platz
✆ (030) 25 53 12 34
www.hyatt.com
Das zeitgemäße Luxushotel am Potsdamer Platz vereint edles Design mit höchstem Komfort. Die Vox Bar gilt als eine der besten Deutschlands, nicht nur wegen der 240 Whisk(e)y-Sorten. Toller Spa auf dem Dach mit Pool und grandioser Aussicht. €€€€

The Ritz-Carlton, Berlin ➡ E6
Potsdamer Platz 3, Tiergarten
S-/U-Bahn: Potsdamer Platz
✆ (030) 33 77 77
www.ritzcarlton.com
Die Goldenen Zwanziger sind zurück: Nach umfassender Renovierung präsentiert sich das Fünf-Sterne-Haus im furios-eleganten Stil des Art déco. Persönlicher Service wird großgeschrieben.

Zum Verwöhnprogramm gehören eine Wellness-Oase, zwei außergewöhnliche Bars und das Restaurant POTS mit neuer deutscher Küche. €€€€

Waldorf Astoria Berlin ➡ F4
Hardenbergstr. 28
Charlottenburg
S-/U-Bahn: Zoologischer Garten
✆ (030) 814 00 00
waldorfastoriaberlin.de
Hoch hinaus mit allem Luxus: Die Zimmer sind groß und elegant und bieten – je höher, je besser – herrliche Ausblicke auf die Stadt. Mit Guerlain Luxus-Spa, Restaurant ROCA und Lang Bar. €€€€

Originelle Hotels:

Hotel Stadtbad Oderberger ➡ B9
Oderberger Str. 57
Prenzlauer Berg
U2: Eberswalder Straße
✆ (030) 780 08 97 60
www.hotel-oderberger.berlin
1986 musste das historische Stadtbad schließen, 30 Jahre später eröffnete es als originell-komfortables Design-Hotel. Die restaurierte Schwimmhalle dient zum Schwimmen und nach raschem Umbau auch als Event-Location. €€€–€€€€

Honigmond ➡ C7/8
Tieckstr. 11, Mitte
U6: Naturkundemuseum
✆ (030) 284 45 50

Prominent in Berlins Mitte: Das Hotel Adlon Kempinski am Pariser Platz

Honigmond Garden Hotel ➡ C7
Invalidenstr. 122, Mitte
U6: Naturkundemuseum, S1/2/25,
Tram M10/M12: Nordbahnhof
✆ (030) 28 44 55 77
www.honigmond.de
Großbürgerlich wohnen wie im
19. Jh. in geschmackvollen und
mit Kunstwerken individuell aus-
gestatteten Zimmern. Im Garden
Hotel zudem ein lauschiger Innenhof mit Teich und viel Grün. Privat
geführte, nahe beieinander gelegene Boutique-Hotels. €€€

*Originelle Unterkunft: der
Hüttenpalast in einer ehemaligen
Fabrikhalle*

Arte Luise Kunsthotel ➡ D7
Luisenstr. 19, Mitte, U5: Bundestag, Bus147: Deutsches Theater
✆ (030) 28 44 80
www.luise-berlin.com
Wohnen im Kunstwerk: Jedes der
50 Zimmer wurde jeweils von einem Künstler nach eigenem Kon-
zept gestaltet. In der »Belétage«
des Altbaus finden sich Einzel- und
Doppelzimmer mit Bad, in der
Mansarde günstigere Zimmer (Eta-
gendusche). »Der arme Poet« verfügt sogar über ein Bad. €€–€€€

the niu Hide ➡ E13
Frankfurter Allee 113
Friedrichshain
S8/85/41/42, U5: Frankfurter Allee
✆ (030) 505 72 00 19, the.niu.de
Auf einem Parkdeck des Einkaufs-
zentrums Ringcenter hat sich der
schreiend bunte Container in Mo-
dularbauweise niedergelassen,
als »urbaner Zufluchtsort« und
»Schatzkiste für pure Ostalgie«.
Hier treffen bunt bedruckte DDR-
Tapeten und Retro-Accessoires auf
Comic-Street-Art und modernste
Technik. Niu betreibt zwei weitere
Häuser in Berlin. €€

Hüttenpalast ➡ H10
Hobrechtstr. 66, Neukölln
U7/8: Hermannplatz
✆ (030) 37 30 58 06
huettenpalast.de
Ausrangierte Wohnwagen, liebe-
voll aufbereitet, und selbst ge-
zimmerte Holzhütten sind die
originellen Schlafstätten in zwei
ehemaligen Fabrikhallen. Gemein-
schaftsbäder, jedoch auch Zimmer
mit eigenem Bad. Mit idyllisch ver-
wildertem Hinterhofgarten. €

Hostel

EastSeven Berlin Hostel ➡ C9
Schwedter Str. 7, Prenzlauer Berg
U2: Senefelderplatz
✆ (030) 93 62 22 40
eastseven.de
Die jungen Gäste aus aller Welt
sind begeistert von der familiären
Atmosphäre, den günstigen Preisen und dem tollen Service in
dem mehrfach ausgezeichneten
Hostel. €

Pension

**Pension Peters – Das andere
Hotel** ➡ F3
Kantstr. 146, Charlottenburg
S3/5/7/9: Savignyplatz
✆ (030) 312 22 78
www.pension-peters-berlin.de
Die familienfreundliche Pension
legt Wert auf Umweltschutz und
Nachhaltigkeit, bietet Einzel-,
Doppel- und Familienzimmer so-
wie Bio-Frühstück. Und man mag
Kunst: Viele Zimmer, Korridore
und der Frühstücksraum sind mit
Originalen ausgestattet. € ◼

Essen und Trinken
Cafés, Restaurants, Berliner Küche

Berlins gastronomisches Angebot ist außergewöhnlich vielseitig. Es reicht von Imbissbuden und der klassischen Berliner Eckkneipe bis zu Cocktailbars, Biergärten, Weinlokalen, Streetfood, veganer Küche und Gourmetrestaurants. Riesig ist die Auswahl auch bei den Landesküchen, von afrikanisch bis australisch, von mediterran bis panasiatisch, von alpenländisch bis morgenländisch: In Berlin ist die ganze Welt zu Gast, und das spiegelt sich auch auf reich gedeckten Tischen. Willkommen zur kulinarischen Weltreise! Damit diese ein Vergnügen wird, bitte Öffnungszeiten überprüfen und reservieren.

Die folgenden Preiskategorien beziehen sich auf ein Hauptgericht:

€   – bis 15 Euro
€€   – 15 bis 25 Euro
€€€   – 25 bis 35 Euro
€€€€ – über 35 Euro

Cafés und Restaurants

Mitte:

Hauptstadtrestaurant Gendarmerie ➡ E8
Behrenstr. 42
U5/6: Unter den Linden
☏ (030) 76 77 52 70
www.gendarmerie-berlin.de
Restaurant und Bar am Gendarmenmarkt. Sensationell ist der

Die Ganymed Brasserie am Spreeufer setzt auf französisches Ambiente

8 m hohe Raum in dem ehemaligen Bankgebäude mit vier Säulen, einem tonnenschweren Gemälde von Yves Klein und dem 17-m-Tresen. €€€

Ganymed Brasserie ➡ D7
Schiffbauerdamm 5
S-/U-Bahn: Friedrichstraße
☏ (030) 28 59 90 46
www.ganymed-brasserie.de
Klassische französische Gerichte. Restaurant mit Terrasse direkt neben dem Berliner Ensemble. €€–€€€€

Balthazar Spreeufer 2 ➡ E9
Spreeufer 2, Nikolaiviertel
U5: Rotes Rathaus, Bus 200: Fischerinsel
☏ (030) 30 88 21 56
www.balthazar-spreeufer.de
Stilvoll-elegantes Restaurant mit großer Terrasse am Spreeufer. Deutsche Klassiker und asiatische Inspirationen. €€

Gärtnerei ➡ C8
Torstr. 179
U8: Rosenthaler Platz, S1/2/25: Oranienburger Straße
☏ (030) 24 63 14 50
www.gaertnerei-berlin.com
Gemüse und Obst werden in ihrer köstlichen Vielfalt zelebriert. Fleisch vom Havelländer Apfelschwein oder Paderborner Freilandhuhn sind jedoch nicht verbannt. €€

Kopps Bar & Restaurant → C8
Linienstr. 94, U8: Rosenthaler
Platz
℡ (030) 432 097 75
www.kopps-berlin.de
Ohne Fleisch genießen: Kreative
Küche aus regionalen Zutaten
für Veganer und Gäste, die ve-
gane Speisen schätzen. Mit Bar.
€€

Um den Kurfürstendamm:

**Diekmann – Restaurant & Aus-
ternbar** → F3
Meinekestr. 7, U1: Uhlandstraße
℡ (030) 883 33 21
diekmann-restaurant.de
Schwere Kolonialwarenschränke
geben dem edlen Restaurant
einen Hauch von Nostalgie. Im
Mittelpunkt steht deutsch-fran-
zösische Küche. €€€

Enoiteca Il Calice → F2
Walter-Benjamin-Platz 4
U7: Adenauerplatz
℡ (030) 324 23 08
enoiteca-il-calice.de
Italienische Weine und dazu eine
hervorragende Küche. Vor allem
die Antipasti sind sehr zu empfehlen. Mit Sommerterrasse. Reservierung empfohlen. €€€

**Café-Restaurant Wintergarten
im Literaturhaus** → F3
Fasanenstr. 23, U1: Uhlandstraße
℡ (030) 882 54 14
www.literaturhaus-berlin.de
Gutes Frühstück; saisonal wechselnde Speisekarte; angenehme
Atmosphäre, wunderschöner
Garten. €€–€€€

Kurpfalz-Weinstuben → F2
Wilmersdorfer Str. 93
Wilmersdorf, U7: Adenauerplatz
℡ (030) 883 66 64
kurpfalz-weinstuben.de
Traditionsreiche Gaststätte im
Hinterhof mit Außenterrasse.
Serviert wird saisonale, traditio-
nelle deutsche Küche, modern in-

*Rund um den Savignyplatz gibt es
viele gemütliche Restaurants*

terpretiert. Große Weinauswahl,
überwiegend aus der Pfalz. €€

Restaurant Tugra → F1
Kurfürstendamm 96
U7, Bus M19/M29: Adenauerplatz
℡ (030) 323 40 27
www.restaurant-tugra.de
Türkische Spezialitäten vom Feins-
ten, dazu gibt es ausgezeichnete
Weine. Elegantes Ambiente ganz
ohne türkische Folklore-Deko. €€

Restaurant Marjellchen → F3
Mommsenstr. 9
Charlottenburg
Bus 109/110/M19/M29: Bleibtreustraße
℡ (030) 883 26 76
www.restaurant-marjellchen-
berlin.de
Die Alt-(West-)Berliner Institution bleibt auch unter neuen
Betreibern bei Spezialitäten der
ostpreußischen und deutsch-
österreichischen Küche. Preis-
werter Mittagstisch. €–€€

Rund um den Savignyplatz:
S3/5/7/9: Savignyplatz

Restaurant BRIKZ → E3
Grolmanstr. 53/54
Charlottenburg
restaurantbrikz.com
Moderne, saisonale, regional
verankerte Küche mit internationalen Einflüssen. Wechselnde Menüs. €€€€

Berlin kann mehr als nur Currywurst

Dicke Wirtin ➡ F3
Carmerstr. 9
℡ (030) 312 49 52
www.dicke-wirtin.de
Traditionelle Berliner Kneipe mit
Alt-Berliner Spezialitäten, beliebt
bei Studenten, Touristen und
Fußballfans. €–€€

Zwiebelfisch ➡ F3
Savignyplatz 7–8
℡ (030) 312 73 63
www.zwiebelfisch-berlin.de
Treffpunkt von Künstlern, Intel-
lektuellen und Alt-68ern. €

Friedrichshain-Kreuzberg:

Hasir ➡ F10
Adalbertstr. 10
U1/8: Kottbusser Tor
℡ (030) 614 23 73
www.hasir.de
Hier begann die Erfolgsgeschich-
te des traditionellen türkischen
(anatolischen) Restaurants, das
inzwischen fünf Filialen in der

*Street Food Thursday in der Markt-
halle Neun in Kreuzberg*

Stadt hat; eine gleich nebenan.
Besonders zu empfehlen: Fleisch
vom Holzkohlegrill. €–€€

Marktlokal ➡ F10
c/o Markthalle Neun
Pücklerstr. 34
U1/3: Görlitzer Bahnhof
℡ (030) 28 66 51 22
www.marktlokal.berlin
Wechselnde saisonale Speisen,
große Barkarte. Es gibt Heiden-
peters Bier aus der Marktbraue-
rei. €–€€

**Max und Moritz – Das Kultur-
wirtshaus** ➡ F9
Oranienstr. 162, U8: Moritzplatz
℡ (030) 695 15 91
maxundmoritzberlin.de
Die Einrichtung ist charmant ur-
berlinisch; die deftige Küche aus
frischen Produkten hat einen
schwäbischen Einschlag und
manchmal wird Tango getanzt –
multikulti Kreuzberg! €

Prenzlauer Berg:
U2: Senefelderplatz

Mao Thai ➡ B10
Wörther Str. 30
℡ (030) 441 92 61
www.maothai.de
Schönes Ambiente auf zwei Etagen. Raffinierte Kreationen der
nordthailändischen Küche. €€

Simsim Levantine Eatery ➡ B9
Husemannstr. 1
℡ (0152) 23 03 26 06
www.simsim-restaurant.de
Traditionelle palästinensische, li-
banesische und syrische Gerichte
modern interpretiert; auch ve-
gan. €€

Khushi Indisches Restaurant ➡ C9
Kollwitzstr. 37
℡ (030) 48 49 37 91
www.khushi-berlin.de
Man sitzt angenehm, isst köstliche
nordindische Küche und genießt
leckere frische Cocktails. €–€€

Flaniermeile Bergmannstraße in Kreuzberg

Tiergarten:

Dachgarten-Restaurant Käfer
➡ D7
Im Reichstag
Platz der Republik
U5: Bundestag, S-/U-Bahn: Bran-
denburger Tor, Bus 100: Reichstag
☎ (030) 226 29 90
www.feinkost-kaefer.de
Restaurant am Fuß der gläsernen
Kuppel des Reichstags. Am schöns-
ten sind die Terrassenplätze. Nur
mit Anmeldung/Reservierung.
Ausweisdokument mit Lichtbild
erforderlich. €€€

❁ **Café am Neuen See** ➡ E4
Lichtensteinallee 2
S3/5/7/9: Tiergarten
☎ (030) 254 49 30
www.cafeamneuensee.de
Restaurant-Café, Biergarten bei
schönem Wetter
Café und Restaurant mit Land-
hausküche. Biergarten mit Selbst-
bedienung, mitten im Tiergarten.
Hier kann man auch Ruderboote
mieten. €–€€

Gourmet-Restaurants

Berlin hat 23 Michelin-Sterne-Res-
taurants (alle €€€€), davon eines
mit drei und fünf mit je zwei Sternen. Reservierung erforderlich.

Restaurant mit drei Sternen:

Rutz Restaurant ➡ C7
Chausseestr. 8, Mitte
U6: Oranienburger Tor
☎ (030) 24 62 87 60
rutz-restaurant.de
Berlins erstes Drei-Sterne-Restau-
rant: Natur und Aromen, Kreativi-
tät und Handwerk vereint Marco
Müller zu raffinierten Menüs.
Serviert werden die sechs oder
acht »Erlebnisse« wie exquisite
Kunstwerke.

Restaurants mit zwei Sternen:

CODA Dessert Dining ➡ G10
Friedelstr. 47, Neukölln
U7/8: Hermannplatz
☎ (030) 91 49 63 96
coda-berlin.com

Zwei-Sterne-Restaurant in Kreuzberg: Tim Raue

Raffinierte Desserts für ein außergewöhnliches Geschmackserlebnis: Patissier René Frank kombiniert die natürliche Süßkraft vieler Produkte mit korrespondierenden Aromen.

Facil ➡ E6
Im Hotel The Mandala
Potsdamer Str. 3
Tiergarten
U2: Potsdamer Platz
℡ (030) 590 05 12 34, facil.de
Mit »kulinarischen Raffinessen« verführen Michael Kempf und sein Team in romantischer (Dach-) Garten-Atmosphäre.

Horváth ➡ G10
Paul-Lincke-Ufer 44 A
Kreuzberg
U1/3/8: Kottbusser Tor
℡ (030) 61 28 99 92
restaurant-horvath.de
Sebastian Frank überrascht mit kreativen Neuinterpretationen klassischer Gerichte und außergewöhnlichen Kombinationen.

Lorenz Adlon Esszimmer ➡ E7
Im Hotel Adlon
Unter den Linden 77
Mitte
S-/U-Bahn: Brandenburger Tor
℡ (030) 22 61 19 60
www.lorenzadlon-esszimmer.de
Küchenchef Reto Brändli sorgt für kulinarischen Hochgenuss in sechs bis zehn Gängen.

Restaurant Tim Raue ➡ F8
Rudi-Dutschke-Str. 26
Kreuzberg
U6: Kochstraße
℡ (030) 25 93 79 30
www.tim-raue.com
Asiatisch inspiriert, kreativ komponiert, eigenwillig interpretiert: Berlins Spitzenkoch zaubert fantasie- und anspruchsvolle Menüs.

Restaurants mit einem Stern (Auswahl):

Cookies Cream ➡ E7
Behrenstraße 55, Mitte (Hintereingang neben der Komischen Oper), U5/6: Unter den Linden
℡ (030) 680 73 04 48
cookiescream.com
Das erste vegetarische Restaurant, das mit einem Michelin-Stern ausgezeichnet wurde. Menüs mit drei bis sieben Gängen zur Wahl.

Hugos ➡ F5
Im Hotel InterContinental
Budapester Str. 2
Tiergarten
U1/2: Wittenbergplatz
℡ (030) 26 02 11 45
www.berlin.intercontinental.com/ de/dine/hugos-restaurant
Im Hugos ist alles spitze: der Blick auf Berlin aus dem 14. Stock, die exquisite Küche von Eberhard Lange und der Service.

SkyKitchen ➡ C12
Im Vienna House Andel's Berlin
Landsberger Allee 106
Lichtenberg
S 8/41/42/85: Landsberger Allee
℡ (030) 45 30 53 26 20
www.skykitchen.berlin
Das Team um Sascha Kurgan interpretiert deutsche und Berliner Küche modern und kreativ. Sensationell ist der Weitblick über Berlin aus dem zwölften Stock.

Weitere Restaurants mit Michelin-Stern: www.visitberlin.de/de/ sterne-restaurants

Berliner Küche

Alt-Berliner Gasthaus Julchen Hoppe  D9
Rathausstr. 25
Nikolaiviertel
U5: Rotes Rathaus
✆ (030) 97 00 57 87, julchen-hoppe.
eatbu.com/?lang=de
Deftig, preiswert und gut: ob
Königsberger Klopse oder Ber-
liner Schinkeneisbein mit Sauer-
kraut, Erbspüree und Kartoffeln.
€–€€

Berliner Republik ➡ D7
Schiffbauerdamm 8
Mitte
S-/U-Bahn: Friedrichstraße
✆ (030) 30 87 22 93
www.die-berliner-republik.de
Der Bierpreis der 18 frisch gezapf-
ten Sorten schwankt an »Brokers
Bierbörse« mit der Durst-Nach-
frage. Dazu: Altberliner Küche.
€–€€

Mutter Hoppe ➡ D9
Rathausstr. 21
Nikolaiviertel
U5: Rotes Rathaus
✆ (030) 24 72 06 03
mutterhoppe.de
Großes Kellerlokal, beliebt bei
Gruppen. Berliner Spezialitäten
und internationale Gerichte.
€–€€

*Biergarten in Prenzlauer Berg:
PraterGarten*

PraterGarten ➡ B9
Kastanienallee 7–9, Prenzlauer
Berg, U2: Eberswalder Straße
✆ (030) 448 56 88
www.pratergarten.de
Biergarten bei schönem Wetter
Senfeier mit Quetschkartoffeln
und andere Klassiker, aber auch
Saisonales wie Spargel. €–€€

Henne – Alt-Berliner Wirtshaus ➡ F9
Leuschnerdamm 25, Kreuzberg
U8: Moritzplatz
✆ (030) 614 77 30
www.henne-berlin.de
In der über 100 Jahre alten Eckkneipe mit Originaleinrichtung
gibt es vor allem Hühnchen:
frisch, saftig und knusprig. Dazu
wird Kartoffel- und Krautsalat ge-
reicht. Unbedingt reservieren! € ▪

Beliebt: das Alt-Berliner Wirtshaus Henne in Berlin-Kreuzberg

Nightlife
Bars, Lounges, Clubs, Discos, Jazzblubs, Karaoke

Berlins legendärem Nachtleben wurde in der Pandemie eine Auszeit verordnet. Doch es ist wieder da! Wer also nach dem Kulturgenuss oder Restaurantbesuch noch einen Drink zu sich nehmen möchte, findet sowohl eine schicke Bar als auch eine urige Kneipe. Und die »Draußenstadt« Berlin hält auch Vergnügliches an frischer Luft bereit.

Immer viel los ist im Bezirk Mitte am Hackeschen Markt und rund um die **Hackeschen Höfe** ➡ D8, zu empfehlen sind Rosenthaler, Alte Schönhauser und Torstraße, Dircksen-, Oranienburger, Große Hamburger und Sophienstraße.

Aktuelle Tipps gibt es im Stadtmagazin TIP (www.tip-berlin.de) und online bei [030] (www.berlin030.de, www.gaesteliste030.de). Tipps für die schwul-lesbische Szene bietet die Siegessäule als Magazin und Onlinekalender (www.siegessaeule.de).

Bars, Lounges, Tanz

Berliner Berg ➡ H12
Treptower Str. 39
Neukölln
S9/41/42: Sonnenallee
✆ (030) 64 43 59 06
berlinerberg.com
Craft Bier liegt voll im Trend; vereint mit traditioneller Braukunst entstehen in der hauseigenen Brauanlage moderne Biere und Klassiker wie die Berliner Weisse neu. Genossen werden diese im Schankraum mit Berg(bier)garten.

Clärchens Ballhaus ➡ C8
Auguststr. 24
Mitte
S1/2/25: Oranienburger Straße
✆ (030) 555 78 54 40
claerchensball.haus
Seit über 100 Jahren wird hier geschwoft: Im weitgehend original erhaltenen Festsaal finden Standard-, Latin- und Tangotanzkurse

Die entspannte Späti-Atmosphäre macht so manchem Club Konkurrenz

Festsaal in Clärchens Ballhaus

statt. Der nostalgische Spiegelsaal ist Veranstaltungsraum auch für private Feste. Mit Restaurant und Biergarten.

Lochner Weinwirtschaft ⇒ G5
Eisenacher Str. 86
Schöneberg
U7: Eisenacher Straße
✆ (030) 23 00 52 20
lochner-weinwirtschaft.de
Große Auswahl vorwiegend deutscher Weine aller Anbaugebiete. Als Weinbegleitung dazu eine Vielfalt kleiner Gerichte.

Newton Bar ⇒ E8
Charlottenstr. 57
Mitte
U5/6: Unter den Linden
✆ (030) 20 29 54 21
www.newton-bar.de
Der ideale Platz für einen Drink am Gendarmenmarkt.

Reingold Berlin ⇒ C7
Novalisstr. 11, Mitte
U6: Oranienburger Tor
✆ (030) 28 38 76 76
www.reingold.de
Entspannte Atmosphäre, klassische Cocktails, Barfood, Musik vom Band, am Wochenende von DJs und ab und zu live.

Victoria Bar ⇒ F6
Potsdamer Str. 102
Tiergarten
U1: Kurfürstenstraße
✆ (030) 25 75 99 77
www.victoriabar.de
Angenehm stilvolle Cocktailbar, in der »serious drinking« ernst genommen wird. Kleine Speisen.

Clubs, Partys, Dancefloor

AVA Club ⇒ F12
Warschauer Platz 18
U/S-Bahn: Warschauer Straße
✆ (0176) 26 02 28 54
www.club-ava-berlin.de
Direkt an der Warschauer Brücke. Zum Tanzen, Trinken und Chillen zu moderaten Preisen.

Frannz ⇒ B9
Schönhauser Allee 36, Kulturbrauerei, Prenzlauer Berg
U2: Eberswalder Straße
✆ (030) 726 27 93 33
frannz.eu
Der legendäre Club, der 1970–97 die Ost-Berliner Institution für Rock, Jazz und Soul war, bietet jetzt eine Kombination aus schickem Konzert-Club, Bar-Lounge, Restaurant und Biergarten.

Hafenbar ➡ C7
Karl-Liebknecht-Str. 11, Mitte
U/S-Bahn: Alexanderplatz
www.hafenbar-berlin.de
Freitags Schlagerparty, samstags
Kaptains Club auf dem Tanzdeck.

House of Weekend ➡ D9
Alexanderstr. 7, Mitte
U/S-Bahn: Alexanderplatz
☏ (0152) 24 29 31 40
www.weekendclub.berlin
Coole Location für heiße Party-
nächte: Edel gestylter Club für
die Schönen der Welt und junge
Kreative. Gefeiert wird mit gu-
ten Drinks und angesagten DJs.
Getanzt wird im 15. Stock zu
House, Latin und Elektrosound.
Der Sommerhit ist die Dachter-
rasse mit bestem Blick auf das
Lichtermeer der Stadt – und den
Sonnenaufgang.

**Kulturdachgarten Klunker-
kranich** ➡ H10
Karl-Marx-Str. 66, Neukölln
U7: Rathaus Neukölln
klunkerkranich.org
Das begrünte Parkdeck eines Ein-
kaufszentrums ist ein idealer Ort
zum Abhängen, Musik hören,
Tanzen, Trinken, Quatschen –
und um den wunderbaren Ausblick über Berlin zu genießen.
Auf zwei Dance- und Musicfloors
sowie in zwei gemütlichen Hüt-
ten gibt es ein vielfältiges Programm – und Gastronomie.

Metropol ➡ F5
Nollendorfplatz 5
Schöneberg
U2/3/4: Nollendorfplatz
☏ (030) 403 67 85 60
metropol-berlin.de
Prachtvolles Haus mit langer
Geschichte und Starauftritten,
wechselnden Nutzungen und
Umbauten. Heute sind der spek-
takuläre Saal, diverse Räume,
Séparées, Emporen und Bars ex-
klusive Locations für Konzerte,
Themenpartys und Events.

Sage Club ➡ E9
Köpenicker Str. 76, Mitte
U8: Heinrich-Heine-Straße
☏ (030) 278 98 30
www.sage-club.de
Livekonzerte und DJs auf drei
Floors und im Garten. Musik al-
ler Stilrichtungen von Rock und
Pop über Indie und Hip-Hop bis
Metal und Punk.

SO36 – Sub Opus 36 e. V. ➡ F10
Oranienstr. 190, Kreuzberg
U1/3: Görlitzer Bahnhof, Bus M29:
Heinrichplatz
☏ (030) 61 40 13 06
www.so36.de
Kultstätte für außergewöhnliche
Konzerte: Wo früher Punk domi-
nierte, findet man heute auch
Hip-Hop, Cross-over, Techno und
vieles mehr.

Tresor Club ➡ E9/10
Köpenicker Str. 70, Mitte
U8: Heinrich-Heine-Straße
tresorberlin.com
Der legendäre Club, der seinen
Namen der ersten Location in ei-
ner ehemaligen Bank verdankt,
heizt im einstigen Heizkraftwerk
Mitte mit Techno ein. Junges, in-
ternationales Publikum.

*Yorckschlösschen: Leuchtturm der
Jazz- und Bluesszene*

Water Gate ➡ F11
Falckensteinstr. 49, Kreuzberg
U1: Schlesisches Tor
✆ (030) 61 28 03 96
water-gate.de
Fantastische Lage direkt an der
Spree mit Blick durch große
Fenster auf das Wasser und die
Oberbaumbrücke. Im Sommer
mit schwimmender Terrasse.

Jazzclubs

A-Trane ➡ E3
Pestalozzistr. 105
Charlottenburg
S3/5/7/9: Savignyplatz
✆ (030) 313 25 50
a-trane.de
Modern Jazz, Avantgarde.

Badenscher Hof ➡ H3
Badensche Str. 29
Wilmersdorf
U7/9: Berliner Straße
✆ (030) 8 61 00 80
www.badenscher-hof.de
Jazzclub, Musikcafé, Restaurant.

b-flat ➡ D9
Dircksenstr. 40, Mitte
U8: Weinmeisterstraße
✆ (030) 283 31 23
www.b-flat-berlin.de
Modern Jazz aus Berlin oder mit
internationalen Gästen.

Quasimodo ➡ F3
Kantstr. 12 A, Charlottenburg
U1: Uhlandstraße
✆ (030) 31 80 45 60
quasimodo.de
Beliebter Musikclub mit Traditi-
on unter dem Delphi-Filmpalast.
Auftritte von jungen Talenten
und Stars der Jazz-Szene. Auch
Funk, Soul, Latin, Blues, Rock.

Yorckschlösschen ➡ G7
Yorckstr. 15, Kreuzberg, U6/7:
Mehringdamm
✆ (030) 215 80 70
www.yorckschloesschen.de

*Berliner Bars versprechen
aufregende Nächte*

Seit über 100 Jahren eine Institution und seit den 1970er Jahren
eine »Heimat für Jazz und Blues«
aus Berlin. Nostalgische Einrichtung, schöner Sommergarten.

Zig Zag Jazz Club ➡ J4
Hauptstr. 89, Friedenau
U-/S-Bahn, Bus M48/M85: Inns-
brucker Platz
✆ (030) 94 04 91 47
www.zigzag-jazzclub.berlin
Lokale und internationale Musiker in Wohnzimmeratmosphäre.

Zosch ➡ C/D8
Tucholskystr. 30, Mitte, S1/2/25:
Oranienburger Straße
✆ (030) 280 76 64
www.zosch-berlin.de
In einem Haus, das noch so aus-
sieht wie zu DDR-Zeiten, gibt es
vorwiegend Jazziges.

Karaoke

Bearpit Karaoke im Mauerpark
➡ B8
Mauerpark, Bernauer Str.
Mitte
U2: Eberswalder Straße
www.bearpitkaraoke.com
In der »Bärengrube« des Am-
phitheaters im Mauerpark kann
jeder seine Stimme ertönen lassen. Die Musik liefert der Ire Joe
Hatchiban, der ein Lastenfahrrad
zur Karaokestation umfunktio-
niert. ■

Kultur und Unterhaltung
Konzert, Oper, Musical, Ballett, Theater, Kabarett, Varieté, Revue, Kinos

Die Hauptstadtkultur hat einiges zu bieten! Für einzigartige Kulturerlebnisse sorgen u. a. drei Opernhäuser von internationalem Format, die Berliner Philharmoniker und sieben weitere Sinfonieorchester, dazu Kammermusikensembles, Solisten und Chöre. Das Entertainment führt der Friedrichstadtpalast an. Zudem gibt es 25 etablierte Sprechbühnen mit eigener Spielstätte und jede Menge freie Gruppen, Off- und Kieztheater.

Wer Tickets für eine bestimmte Aufführung haben möchte, sollte frühzeitig bestellen beim jeweiligen Veranstalter oder den unter Infos und Tickets genannten Stellen.

Infos und Tickets
www.berlin-buehnen.de
www.visitberlin.de

Konzert

Berliner Residenz Konzerte ➡ D1
Schloss Charlottenburg und wechselnde Gastspielorte
Spandauer Damm 22–24
Charlottenburg
S41/42/46: Westend, Bus M45: Schloss Charlottenburg
✆ (030) 25 81 03 50
residenzkonzerte.berlin
Musik am Preußischen Hof, auf Wunsch mit Schlossbesichtigung und Candle-Light-Dinner.

Highlight im Sommer: Classic Open Air am Gendarmenmarkt

Konzerthaus Berlin ➡ E8
Gendarmenmarkt, Mitte
U2: Stadtmitte, U5/6: Unter den Linden
✆ (030) 2030921 00
www.konzerthaus.de
Stammhaus des Konzerthausorchesters; breit gefächertes Programm, viele interessante Reihen, auch für Kinder.

Philharmonie und Kammermusiksaal ➡ E6
Herbert-v.-Karajan-Str. 1
Mitte
S-/U-Bahn: Potsdamer Platz
✆ (030) 25 48 80
www.berliner-philharmoniker.de
In den Konzertsälen der Berliner Philharmoniker treten auch andere Spitzenorchester und -solisten auf.

Pierre Boulez Saal ➡ E8
Französische Straße 33 D
U2: Stadtmitte, U5/6: Unter den Linden
✆ (030) 47 99 74 11
www.boulezsaal.de
Stararchitekt Frank Gehry entwarf den außergewöhnlichen ovalen Kammermusiksaal für die Barenboim-Said-Akademie. Konzerte mit Studierenden der Musikakademie und internationalen Spitzenkünstlern.

Oper, Musical, Ballett

Deutsche Oper Berlin ➡ E2
Bismarckstr. 35, Charlottenburg
U2: Deutsche Oper
℡ (030) 34 38 43 43
deutscheoperberlin.de
Das größte Opernhaus der Stadt.
Klassisches Repertoire und moderne Opern.

Komische Oper Berlin ➡ E7
Behrenstr. 55–57, Mitte
U5/6: Unter den Linden
℡ (030) 47 99 74 00
www.komische-oper-berlin.de
Frische, intelligent-vergnügliche
Inszenierungen, auch Operetten.

Neuköllner Oper ➡ J11
Karl-Marx-Str. 131–133, Neukölln
U7: Karl-Marx-Straße
℡ (030) 68 89 07 77
www.neukoellneroper.de
Originelles Off-Musiktheater, das
Eigenproduktionen sowie internationale Ur- und Erstaufführungen auf die Bühne bringt.

Staatsballett Berlin
℡ (030) 206 09 26 30
www.staatsballett-berlin.de
Das größte Ballettensemble
Deutschlands tritt auf allen drei
großen Opernbühnen auf.

Staatsoper Unter den Linden
➡ D/E8
Unter den Linden 7, Mitte
U5: Museumsinsel, Bus 100/300:
Staatsoper
℡ (030) 20 35 45 55 (Kasse)
www.staatsoper-berlin.de
Mozart, Verdi, Wagner, Strauss,
aber auch zeitgenössisches Musiktheater stehen auf dem Spielplan.

Theater des Westens ➡ F3
Kantstr. 12, Charlottenburg
S-/U-Bahn: Zoologischer Garten
℡ 01805-4444
www.stage-entertainment.de
Wechselnde Musicals im prachtvollen Bau.

Deutsche Oper an der Bismarck-straße

Theater

Berliner Ensemble ➡ D7
Bertolt-Brecht-Platz 1, Mitte
S-/U-Bahn: Friedrichstraße
℡ (030) 28 40 8-155 (Kasse)
www.berliner-ensemble.de
Aktuelle Stoffe und zeitgenössische Stücke. Das Theater wurde
1891 erbaut; 1928 fand hier die
Uraufführung der »Dreigroschenoper« von Brecht/Weill statt.

Deutsches Theater/Kammerspiele ➡ D7
Schumannstr. 13 A, Mitte
U6: Oranienburger Tor
℡ (030) 28 441-225, -226
www.deutschestheater.de
Klassiker und zeitgenössische
Dramatik.

Gorki ➡ D8
Am Festungsgraben 2, Mitte
S-/U-Bahn: Friedrichstraße
℡ (030) 20 22 11 15, www.gorki.de
Ein internationales Ensemble
unter Leitung der Intendantin
Shermin Langhoff konfrontiert
klassische und neue Stoffe mit
den Realitäten der Stadt.

Grips-Theater
Altonaerstr. 22, Tiergarten ➡ D4
U9: Hansaplatz
Grips im Podewil: Klosterstr. 68
Mitte ➡ D9
U2: Klosterstraße
℡ (030) 39 74 74 77
www.grips-theater.de

Eines der berühmtesten (Kinder-) Theater der Welt mit aktuellen Themen.

HAU Hebbel am Ufer ➡ F7
Stresemannstr. 29
Kreuzberg
U1/6: Hallesches Tor
☏ (030) 25 90 04 27
www.hebbel-am-ufer.de
Drei Spielstätten im Umfeld und die digitale Bühne HAU4 für Avantgarde, Performance und innovative Projekte.

Renaissance-Theater ➡ E3
Knesebeckstr. 100
Charlottenburg
U2: Ernst-Reuter-Platz
☏ (030) 312 42 02
renaissance-theater.de
Einziges Art-déco-Theater Europas; bestes Unterhaltungstheater.

Schaubühne am Lehniner Platz
➡ F2
Kurfürstendamm 153
Wilmersdorf
U7: Adenauerplatz
☏ (030) 89 00 23 (Kasse)
www.schaubuehne.de
Aktuelle Inszenierungen zeitgenössischer wie klassischer Dramen.

Schlosspark Theater Berlin ➡ E1
Schloßstr. 48, Steglitz
S1/U9: Rathaus Steglitz
☏ (030) 789 56 67-100
www.schlossparktheater.de
Schauspieler und Regisseure der unterhaltsamen Gastspiele sind bekannt aus Film und Fernsehen, ebenso der Intendant: Kabarettist Dieter Hallervorden.

Volksbühne ➡ C9
Rosa-Luxemburg-Platz
Mitte
U2: Rosa-Luxemburg-Platz
☏ (030) 24 06 57 77
www.volksbuehne-berlin.de
Experimentelles, politisches Theater, zudem Musik, Performance, Film etc.

Kabarett

Die Stachelschweine ➡ F4
Europa-Center, Tauentzienstr. 9–12
Charlottenburg
S-/U-Bahn: Zoologischer Garten
☏ (030) 261 47 95
www.diestachelschweine.de
Politisch-satirisches Kabarett über den alltäglichen Wahnsinn.

Die Wühlmäuse ➡ bB1
Berliner Kabarett-Theater
Pommernallee 2–4
Charlottenburg
U2: Theodor-Heuss-Platz
☏ (030) 30 67 30 11
wuehlmaeuse.de
Die Stars des Kabaretts zu Gast bei Didi Hallervorden.

Kabarett-Theater Distel ➡ D7
Friedrichstr. 101, Mitte
S-/U-Bahn: Friedrichstraße
☏ (030) 204 47 04, distel-berlin.de
Kabarettistische Stücke am Puls der Zeit.

Mehringhof Theater ➡ G7
Gneisenaustr. 2A, Kreuzberg
U6/7: Mehringdamm
☏ (030) 691 50 99
www.mehringhoftheater.de
Politisches Kabarett.

Kieztheater

Heimathafen Neukölln ➡ J11
Karl-Marx-Straße 141, Neukölln
U7: Karl-Marx-Straße
☏ (030) 220 13 69 80
heimathafen-neukoelln.de
Theater, Musik, Comedy, Show, Streitbares und Unterhaltung.

Prime Time Theater ➡ B6
Müllerstraße 163, Wedding
Eingang Burgsdorfstraße
U6/S41/42: Wedding
☏ (030) 49 90 79 58
www.primetimetheater.de
»Gutes Wedding, schlechtes Wedding«: Die Theater-Soap ist Kult!

Varieté, Revue, Show

Admiralspalast ➡ D7
Friedrichstr. 101–102, Mitte
U6: Friedrichstraße
✆ (030) 22 50 70 00 (Tickets)
www.admiralspalast.theater
Konzerte, Kabarett, Shows in
historischem Ambiente.

Bar jeder Vernunft ➡ F3
Schaperstr. 24, Wilmersdorf
U3/9: Spichernstraße
✆ (030) 883 15 82
www.bar-jeder-vernunft.de
In dem Jugendstil-Spiegelzelt
treten die großen Stars der Kleinkunst und junge Unbekannte auf.

Bluemax Theater ➡ E/F6
Marlene-Dietrich-Platz 4, Mitte
S-/U-Bahn: Potsdamer Platz
✆ 01805-4444
www.stage-entertainment.de
Show der Blue Man Group.

Chamäleon ➡ D8
Rosenthaler Str. 40/41, Mitte
S3/5/7/9: Hackescher Markt
✆ (030) 40 00 5 90
chamaeleonberlin.com
Hochkarätige Artistik-Shows in
einem tollen Jugendstil-Ballsaal.

Friedrichstadtpalast ➡ D7/8
Friedrichstr. 107, Mitte
U6: Oranienburger Tor
✆ (030) 23 26 23 26
www.palast.berlin
Spektakuläre Artistik- und Aus-
stattungsrevuen auf der größten
Theaterbühne der Welt.

TIPI – Das Zelt am Kanzleramt
➡ D6
Große Querallee, Mitte
U5: Bundestag
✆ (030) 39 06 65 50
www.tipi-am-kanzleramt.de
Show, Chanson und Kabarett.

Wintergarten Varieté Berlin ➡ F6
Potsdamer Str. 96, Tiergarten
U1: Kurfürstenstraße

*Die Volksbühne am Rosa-Luxem-
burg-Platz*

✆ (030) 588 43 3
wintergarten-berlin.de
Revuen, Shows, Akrobatik, Konzerte und Dining.

Kinos, Kulturzentren

Arena Berlin ➡ G12
Eichenstr. 4, Treptow
S8/9/41/42/85: Treptower Park
✆ (030) 533 20 30
www.arena-berlin.de
Messen, Events, Konzerte, Fes-
tivals in einem ehemaligen Bus-
depot; mit Strandbar und Badeschiff.

✿ Astor Film Lounge ➡ F3/4
Kurfürstendamm 225
Charlottenburg
U1/9: Kurfürstendamm
✆ (030) 883 85 51
berlin.premiumkino.de
Luxuskino u. a. mit Bedienung.

Babylon Mitte ➡ D9
Rosa-Luxemburg-Str. 30, Mitte
U2: Rosa-Luxemburg-Platz
✆ (030) 242 59 69
babylonberlin.eu
Kino aus den 1920er Jahren: u. a.
Stummfilme mit Livebegleitung
auf der Kino-Orgel.

Ufa-Fabrik ➡ dC5
Viktoriastr. 10–18, Tempelhof
U6: Ullsteinstraße
✆ (030) 75 50 30, www.ufafabrik.de
Kino, Theater, Kleinkunst, Tanz
und mehr auf einstigem Filmge-
lände. ■

Shopping
Kaufhäuser, Einkaufszentren,
Buchhandlungen, Märkte, Mode, Souvenirs,
Spezialgeschäfte

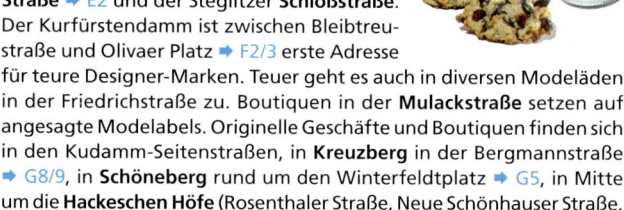

Berlin hat Dutzende von Einkaufszentren und jeder Bezirk, jeder Kiez hat seine traditionelle Einkaufsstraße, die sich weiterhin gegen die modernen Shoppingmalls behauptet. Große Kauf-/Bekleidungshäuser finden sich u. a. am **Kurfürstendamm/Tauentzienstraße** ➡ F3/4, in der Fußgängerzone **Wilmersdorfer Straße** ➡ E2 und der Steglitzer **Schloßstraße**. Der Kurfürstendamm ist zwischen Bleibtreustraße und Olivaer Platz ➡ F2/3 erste Adresse für teure Designer-Marken. Teuer geht es auch in diversen Modeläden in der Friedrichstraße zu. Boutiquen in der **Mulackstraße** setzen auf angesagte Modelabels. Originelle Geschäfte und Boutiquen finden sich in den Kudamm-Seitenstraßen, in **Kreuzberg** in der Bergmannstraße ➡ G8/9, in **Schöneberg** rund um den Winterfeldtplatz ➡ G5, in Mitte um die **Hackeschen Höfe** (Rosenthaler Straße, Neue Schönhauser Straße, Heckmann-Höfe) ➡ C/D8/9 sowie in **Prenzlauer Berg** in der Kastanienallee und Oderberger Straße ➡ B9.

Kaufhäuser und Einkaufszentren

Alexa ➡ D9
Grunerstr. 20, Mitte
S-/U-Bahn: Alexanderplatz
✆ (030) 269 34 01 21
www.alexacentre.com
Der riesige rosa Bau ist keine architektonische Schönheit, hat aber

Das Shoppingcenter Mall of Berlin beherbergt über 270 Geschäfte

mit rund 180 Geschäften (Mode, Kosmetik, Bücher, Elektronik) und Gastronomie großen Zulauf.

Bikini Berlin ➡ F4
Budapester Str. 38–50
Charlottenburg
S/U-Bahn: Zoologischer Garten,
U1/9: Kurfürstendamm
www.bikiniberlin.de
Einkaufszentrum und zugleich Sehenswürdigkeit. Highlights sind eine Glasfassade mit Blick auf den Affenfelsen im Zoo und die große Dachterrasse. Im Angebot sind u. a. schicke Mode und Accessoires, Souvenirs, originelles Design sowie Gastronomie.

Galeries Lafayette ➡ E8
Friedrichstr. 76–78, Mitte
U5/6: Unter den Linden
www.galerieslafayette.de
Das französische Kaufhaus bietet vor allem französische Mode, ausgefallene Accessoires, Kosmetikprodukte. Mit Gourmet-Abteilung.

KaDeWe – Kaufhaus des Westens → F4
Tauentzienstr. 21–24
Schöneberg
U1/2/3: Wittenbergplatz
℡ (030) 212 10, www.kadewe.de
Luxuskaufhaus mit Tradition. Riesige Auswahl an noblen Marken der Bereiche Mode, Accessoires, Living, Design – und die berühmte Gourmet-Etage. Im Rahmen des letzten Umbaus ist u. a. die futuristische Rolltreppe entstanden.

Mall of Berlin → E7
Leipziger Platz, Mitte
S/U-Bahn: Potsdamer Platz
www.mallofberlin.de
Shoppingcenter mit überdachter Flaniermeile, rund 270 Geschäften und viel Gastronomie am Leipziger Platz.

Buchhandlungen

Bücherbogen am Savignyplatz → F3
Stadtbahnbogen 593
Charlottenburg
S3/5/7/9: Savignyplatz
℡ (030) 31 86 95 10
www.buecherbogen-shop.de
Große Auswahl zu Architektur, Kunst, Film, Bühne und mehr.

Buchhandlung Walther König
In zahlreichen Museen
www.buchhandlung-walther-koenig.de
Großes Sortiment mit den Schwerpunkten Kunst, Film, Fotografie und Architektur, abgestimmt auf die jeweiligen Ausstellungen und Sammlungen.

Grober Unfug → C9
Torstr. 75, Mitte
U2: Rosa-Luxemburg-Platz
℡ (030) 281 73 31
groberunfug.de
Alles, was der Comic-Markt zu bieten hat, findet sich hier. Weitere Filiale in Kreuzberg.

Die Friedrichstraße gehört zu den schicksten Einkaufsstraßen Berlins

Kulturkaufhaus Dussmann → D7
Friedrichstr. 90, Mitte
S-/U-Bahn: Friedrichstraße
℡ (030) 20 25 11 11
www.kulturkaufhaus.de
Bücher, CDs und DVDs in großer Auswahl. Eine Oase ist der vertikale Garten mit Café.

Kunst- und Trödelmärkte

Berliner Kunstmarkt an der Museumsinsel → D8
Am Zeughaus, Mitte
U5: Museumsinsel
kunstmarkt-berlin.com
Originelles und kreatives Kunsthandwerk und Design, modische Accessoires, Malerei, Fotografie u. a.

Original Berliner Trödelmarkt → E4–6
Straße des 17. Juni, Tiergarten
S-Bahn: Tiergarten
www.berlinertroedelmarkt.com
Kunst und Kitsch, Klamotten und Antiquitäten.

Nowkoelln Flowmarkt → G10
Maybachufer 31, Neukölln
U8: Schönleinstraße
nowkoelln.de

Im Angebot ist eine bunte Mischung aus Kunst und Trödel, dazu legen DJs auf.

Trödelmarkt am Arkonaplatz
➡ B8
Arkonaplatz 1, Mitte
U8: Bernauer Straße
Kiez-Flohmarkt mit Büchern, Kleidung und Möbeln.

Flohmarkt am Boxhagener Platz ➡ E4–6
Boxhagener Platz, Friedrichshain
U5: Frankfurter Tor
Beliebter Flohmarkt im Herzen von Friedrichshain.

Mode und Accessoires

Fête de la Boutique ➡ C9
Mulackstr. 11, Mitte
U8: Weinmeisterstraße
✆ (030) 23 35 74 11
www.fetedelaboutique.com
Damenmode, Accessoires, Kosmetik, Schmuck und schöne Dinge für die Wohnung.

Filippa K ➡ D9
Alte Schönhauser Str. 11
Mitte
U8: Weinmeisterstraße
✆ (0173) 889 03 47
www.filippa-k.com

Lässig-elegante Mode für sie und ihn, hergestellt unter nachhaltigen Bedingungen. Zudem Accessoires von Kopf bis Fuß.

Frey Wille ➡ D8/9
Im DomAquarée
Karl-Liebknecht-Str. 3, Mitte
U5: Museumsinsel, Rotes Rathaus
✆ (030) 23 45 73 31
shop.freywille.com/de
Emailleschmuck, Schals und Taschen mit fantasievollem Design, inspiriert von Kunst des 20. Jh.

Lisa D. Fashion ➡ G5
Frankenstr. 1, Schöneberg
U7: Eisenacher Straße
✆ (030) 23 62 97 14
www.lisad.com
Eigene Kollektionen und Veränderungsatelier für »alte« Kleidung: Upcyceln, Umfunktionieren, Anpassen.

Souvenirs und Spezialgeschäfte

Ampelmann-Shop ➡ D8
Rosenthaler Str. 40–41
Hackesche Höfe, Hof 5
Mitte
S3/5/7/9: Hackescher Markt
✆ (030) 44 72 64 38
www.ampelmann.de

Rund um die Weinmeisterstraße finden sich viele Boutiquen

Wochenmärkte

Wochenmärkte finden in allen Bezirken statt, in Charlottenburg auf dem Karl-August-Platz ➡ E2. Ein »In«-Markt ist der Wochenmarkt in Schöneberg, Winterfeldtplatz ➡ G5. Danach trifft man sich in den umliegenden Cafés. Ähnlichen Status hat der Ökomarkt am Kollwitzplatz, Prenzlauer Berg ➡ B9. Der türkisch geprägte Neuköllner Markt am Maybachufer ➡ G10

Auf dem Markt am Maybachufer darf gefeilscht werden

bietet eine große Auswahl an Gemüse und exotischen Kräutern. Ein Berlin-Brandenburger Bauernmarkt findet am Wittenbergplatz ➡ F4 statt. Auf der Domäne Dahlem (Landgut und Museum) gibt es Sa einen Ökomarkt.

Das DDR-Ampelmännchen steht in Rot und läuft in Grün – u. a. als Schlüsselanhänger, Leuchtfigur, Buchstütze, Keksausstecher oder Korkenzieher und schmückt T-Shirts und andere Wäschestücke. Weitere Filialen an touristischen Hotspots.

DIM – Die Imaginäre Manufaktur ➡ F10
Oranienstr. 26, Kreuzberg
U1/8: KottbusserTor
☎ (030) 285 03 01 12
dim-berlin.de
Holzspielzeug, Schachtelsysteme, Bürsten in Form des Brandenburger Tors oder als Berliner Bär: Nützliches im hübschen Design, hergestellt von Blinden und Sehbehinderten. Laden mit einem gemütlichen Café.

✿ Fassbender & Rausch ➡ E8
Charlottenstr. 60, Mitte (Gendarmenmarkt), U2/6: Stadtmitte
☎ (030) 75 78 80
www.rausch.de
Europas größter Schokoladenladen verführt mit exquisiten Köstlichkeiten – zum Selberessen oder Verschenken. Nicht zu kaufen sind die großen Nachbildungen von Reichstag oder Gedächtniskirche – ganz aus Schokolade. Mit Schokoladen-Café und Live Patisserie.

KPM – Königliche Porzellan-Manufaktur & Café ➡ E4
Wegelystr. 1, Charlottenburg
S3/5/7/9: Tiergarten
☎ (030) 39 00 92 15
www.kpm-berlin.de
Die effektvoll inszenierte Dauerausstellung zeigt kostbare Schaustücke aus drei Jahrhunderten und gibt außerdem Einblicke in den Herstellungsprozess. Die edlen Kostbarkeiten aus »weißem Gold« werden in der Verkaufsausstellung (ohne Eintritt) verführerisch präsentiert.

Ladengeschäfte befinden sich Friedrichstraße 158, Kurfürstendamm 27 und in den Hackeschen Höfen.

Whisky & Cigars ➡ D8
Sophienstr. 8–9, Mitte
U8: Weinmeisterstraße
☎ (030) 282 03 76
www.whiskyandpassion.com
Riesige Auswahl an Whisky, Rum, Cognac etc. sowie passende Gläser. Außerdem Zigarren u. a. aus Kuba, Honduras, Jamaika. Mit Tasting-Bar. ■

Mit Kindern in der Stadt
Museen, Shopping, Freizeit, Kindertheater

Mit Kindern in die Großstadt? Aber ja, wenn die Stadt so viel Abwechslung zu bieten hat wie Berlin. Eine Sightseeing-Tour mit dem
Doppeldeckerbus, mit der S-Bahn durch enge Häuserschluchten oder ganz
entspannt mit dem Schiff ist für Kinder ein Erlebnis. Abwechslung finden sie bei Besuchen im Zoo, Aquarium oder Tierpark. Museen
richten sich speziell an Kinder, ebenso zahlreiche Theater. Konzerte
für Kinder sind z. B. im Konzerthaus regelmäßig zu erleben. Hinzu
kommen Sport- und Spielplätze, drinnen und draußen.

Es gibt in fast jedem Bezirk **Eltern-Kind-Cafés** und ein reiches Frei-
zeitangebot für Familien. Darüber hinaus bieten die Grünflächen
überall ausreichend Platz zum Spielen und Toben. Die Wälder Berlins
sowie die glasklaren **Badeseen** laden zu Ausflügen in die unmittelbare
Umgebung ein.

Berlin mit Kindern
℃ (030) 33 02 98 70
www.berlin-mit-kindern.de
Sabine Hansen bietet Führungen
für die ganze Familie oder nur für
die Kinder an. Wunschthemen
nach Absprache. Auch individuelle Betreuung.

Museen

Auskunft über Angebote für Kinder und Jugendliche in Berliner
Museen: Museumsportal Berlin,
www.museumsportal-berlin.de

ANOHA ➡ F8
Fromet-und-Moses-Mendels-
sohnplatz 1, Kreuzberg
U1/3/6: Hallesches Tor, Bus 248:
Jüdisches Museum
℃ (030) 25 99 3300, anoha.de

Kinder von 3 bis 10 Jahre können
die Kinderwelt des Jüdischen
Museums (genau gegenüber)
spielerisch erkunden. In einer
riesigen hölzernen Arche laden
150 Tierskulpturen, von Künstlern
aus recycelten Gegenständen er-
schaffen, zum Klettern, Rutschen,
Entdecken und Fragen ein. Kinder
kommen nur in Begleitung von
Erwachsenen ins ANOHA. Und
umgekehrt.

**Botanischer Garten/Botani-
sches Museum** ➡ dC4
Königin-Luise-Str. 6–8, Dahlem
Eingänge Botanischer Garten:
Unter den Eichen 5–10 (Bus M48),
Königin-Luise-Platz (Bus X83/101)
℃ (030) 83 85 01 00
www.bo.berlin
Museum wegen Umbau bis 2025
geschl.

Deutsches Technikmuseum: Ausstellung auf 25 000 Quadratmetern

Einer der größten naturkundlichen Gärten der Welt. Spektakulär ist das Große Tropenhaus.

Computerspielemuseum ➡ D11
Karl-Marx-Allee 93 A
Friedrichshain, U5: Weberweise
✆ (030) 60 98 85 77
www.computerspielemuseum.de
Hier erinnern sich Mama und Papa an ihre Anfänge mit Pac Man, Donkey Kong oder Asteroid. Alle dürfen den 3-D-Simulator und Riesenjoystick ausprobieren oder sich im Wii-Bowling messen. Spaßgarantie!

Deutsches Technikmuseum Berlin ➡ G7
Trebbiner Str. 9, Kreuzberg
U1/3: Gleisdreieck, U1/7: Möckernbrücke
✆ (030) 90 25 40
technikmuseum.berlin
Überwältigende Sammlung, u. a. mit Lokschuppen, Windmühlen, Oldtimer-Depot, Dampfmaschinen, Flugzeugen, Schiffen, Computer- und Radiotechnik. Im benachbarten **Science Center Spectrum** kann man wissenschaftliche Experimente erproben.

Domäne Dahlem ➡ dC4
Königin-Luise-Str. 49, Dahlem
U3: Dahlem-Dorf
✆ (030) 666 30 00
www.domaene-dahlem.de
Ein Bio-Bauernhof mitten in der Stadt mit Tieren, Handwerksbetrieben, Ausstellungen zu Landwirtschaft und Ernährung, Museum, Hofladen und Marktfesten.

Futurium
Vgl. S. 27.

Labyrinth Kindermuseum Berlin
➡ nördl. A7
In der Fabrik Osloer Straße, Osloer Str. 12, Wedding
S-Bahn: Bornholmer Straße, dann Tram M 13
✆ (030) 800 93 11-50
www.labyrinth-kindermuseum.de

Skelett des Giraffatitan brancai im Museum für Naturkunde

Mitmach-Ausstellungen zu Themen wie Natur- und Klimaschutz.

MACH mit! Museum für Kinder
➡ B10
Senefelderstr. 5, Prenzlauer Berg
U2: Eberswalder Straße
✆ (030) 74 77 82 00
machmitmuseum.de
Eine Kirche als Museum, Spielplatz und Lernort. Clou ist das hohe Kletterregalsystem.

Museum für Kommunikation Berlin ➡ E7
Leipziger Str. 16, Mitte
U2: Mohrenstraße
✆ (030) 202 94-0
www.mfk-berlin.de
»Kommrein«, »Machmit«: Roboter begrüßen die Besucher und weisen sie ein in die vielen Möglichkeiten des interaktiven Museums, das auch mit aktuellen Ausstellungen und kostbaren Schätzen aufwartet, darunter die Briefmarke »Blaue Mauritius«.

Museum für Naturkunde ➡ C7
Invalidenstr. 43, Mitte
U6: Naturkundemuseum
✆ (030) 88 91 40-85 91
www.naturkundemuseum.berlin

Einblicke in das Wirken der Natur, unter anderem Tierpräparate, Insektenmodelle und Meteoriten. Besonders beliebt: die Dinosaurier-Ausstellung.

Museumsdorf Düppel ➡ dD4
Clauertstraße 1, Zehlendorf
Bus 118, 622: Clauertstraße
www.stadtmuseum.de
www.dueppel.de
Zurück ins Mittelalter – die Dorfanlage, nach archäologischem Wissen rekonstruiert, lässt das Leben von vor 800 Jahren lebendig werden: Wohnhütten, Werkstätten, Landwirtschaft und Menschen, die uralte Handwerkskünste vorführen.

Shopping

Berliner Bonbonmacherei ➡ D8
Oranienburger Str. 32
Heckmann Höfe, Mitte
S1/2/25: Oranienburger Straße
✆ (030) 44 05 52 43
www.bonbonmacherei.de
Die handgemachten Bonbons schmecken nicht nur Kindern.

Ritter Sport bunte Schokowelt ➡ E8
Französische Str. 24, Mitte
U5/6: Unter den Linden
✆ (030) 200 95 08 30
www.ritter-sport.com
Auf dem Schokopfad erfährt man alles über den Weg der Schokolade, vom Rohstoff bis zur fertigen Tafel. Kinder können ihre Lieblingsschokolade selbst herstellen.

Stuntshow im Filmpark Babelsberg

Aktivitäten, Freizeit

SEA LIFE Berlin ➡ D8/9
Spandauer Str. 3, Mitte
S3/5/7/9: Hackescher Markt
www.visitsealife.com
Über 3000 Wasserbewohner aus mehr als 120 verschiedenen Arten tummeln sich im großen Aquarium, verteilt auf 31 Becken mit thematisch getrennten Unterwasserwelten.

Der AquaDom im benachbarten Hotel, seinerzeit das größte freistehende Aquarium der Welt, zersprang im Dezember 2022.

FEZ Berlin – Kinder-, Jugend- und Familienzentrum ➡ dC6
Straße zum FEZ 2, Köpenick
S3: Wuhlheide
✆ (030) 53 07 1-0, fez-berlin.de
Das riesige Freizeit- und Erholungszentrum in der Wuhlheide hat Sportanlagen (mit Geräteverleih), Freibad, Schwimmhalle, Tiergehege, Werkstätten, Ökogarten, Kino, Theater, Museum, Freilichtbühne, Parkeisenbahn, das »orbitall« Raumfahrtzentrum sowie Spielplätze drinnen und draußen. Eine weitere Attraktion in der Wuhlheide ist der **Modellpark Berlin-Brandenburg** (modellpark berlin.de) mit rund 70 Modellen bedeutender Bauwerke.

Filmpark Babelsberg ➡ dD3
August-Bebel-Str. 26–53
Eingang Großbeerenstraße
Potsdam
S1: Babelsberg, dann Bus 601/690: Filmpark
✆ (0331) 721 23 45
www.filmpark-babelsberg.de
In der Filmstadt gibt es eine Studio-Rundfahrt, Kulissennachbauten aus bekannten Serien und Spielfilmen, Westernstraße und Mittelalterstadt, Tier- und Stunt-Shows, Dschungel-Abenteuerspielplatz, das Sandmann-Haus, 4-D-Actionkino und ein Kinderrestaurant.

LEGOLAND Discovery Centre Berlin ➡ E6
Potsdamer Str. 4
Tiergarten
S-/U-Bahn: Potsdamer Platz
www.legolanddiscoverycentre.com
Im Miniland aus Legosteinen sind Berliner Bauwerke und Fantasiewelten nachgebaut. Mit 4-D-Kino.

Little BIG City Berlin ➡ D9
Am Fuß des Fernsehturms
Panoramastr. 1 A, Mitte
S-/U-Bahn: Alexanderplatz
www.officiallittlebigcity.com
Technisch raffinierte Zeitreise zu den Höhepunkten in über 750 Jahren Berliner Geschichte, dargestellt im Miniaturformat. Begeistert auch Erwachsene.

Madame Tussauds Berlin ➡ D/E7
Unter den Linden 74
Mitte
S-/U-Bahn, Bus 100: Brandenburger Tor
www.madametussauds.com
Täuschend echte Wachsfiguren-Abbilder von Sportlern und Showgrößen wie Ronaldo oder Justin Bieber.

Tierpark Berlin ➡ östl. E13
Am Tierpark 125, Lichtenberg
U5: Tierpark
✆ (030) 51 53 10
www.tierpark-berlin.de
Größter Landschaftstiergarten Europas (160 ha) im ehemaligen Schlosspark Friedrichsfelde. Beliebt sind das Regenwaldhaus, das begehbare Känguru-Gehege und der Vari-Wald mit Madagaskar-Lemuren.

Zoologischer Garten & Zoo Aquarium ➡ E/F4
Hardenbergplatz 8, Löwentor
Olof-Palme-Platz, Elefantentor
Charlottenburg, S-/U-Bahn: Zoologischer Garten
✆ (030) 25 40 10
www.zoo-berlin.de

Der Zoologische Garten ist ein Besuchermagnet

Der artenreichste Zoo Europas. Die meisten Besucher zieht es zu den Großen Pandabären, den einzigen in einem deutschen Zoo. Weitere Highlights: Affenfelsen, Pinguinwelt, Flusspferdhaus, Adlerschlucht und Spielplätze.

Kindertheater

Charlottchen ➡ F1
Droysenstr. 1
Charlottenburg
S3/5/7/9: Charlottenburg
✆ (030) 324 47 17
gastro.mosaik-berlin.de
Familienfreundliches Restaurant und Café. Im zugehörigen Theater laufen tagsüber oft Veranstaltungen für Kinder und abends für Erwachsene.

Grips-Theater
Vgl. S. 63 f.

Theater an der Parkaue ➡ D13
Parkaue 29, Lichtenberg
S-/U-Bahn: Frankfurter Allee
✆ (030) 55 77 52 52
www.parkaue.de
Anspruchsvolles Theater für Kinder, Schüler und Jugendliche. ∎

Erholung im Grünen und Wellness
Gärten, Wellness, Strandbars, Biergärten, Badestellen

Wald und Wiesen, Parks und Gärten, Flüsse und Seen: Berlin rühmt sich, die »grünste Stadt Deutschlands« zu sein und die wasserreichste dazu. Entsprechend üppig fallen die Erholungsmöglichkeiten aus. Insgesamt zählt Berlin mehr als 2500 öffentliche Grünanlagen unterschiedlicher Art. Zwischen dem Grunewald im Westen und den Müggelbergen weit im Osten bilden Oasen der Ruhe und Freizeitspaß einen angenehmen Ausgleich zum Stadtrummel. Für trübe oder kühle Tage oder schlicht zum Genießen empfehlen sich diverse Wellness-Einrichtungen; viele Hotels öffnen diese auch für Nichtgäste.

Der Orientalische Garten im Park »Gärten der Welt«

Gärten und Grünanlagen

Infos unter gruen-berlin.de.

Berliner Mauerweg
Der Weg erschließt mit Informationstafeln die 160 km lange Trasse der ehemaligen Grenzanlagen um West-Berlin für Fußgänger und Radfahrer. In den Innenstadtbezirken markiert eine doppelte Pflastersteinreihe im Straßenboden den Mauerverlauf, besonders auffällig in der Niederkirchner Straße, wo die Mauer zwischen dem Gropius Bau und dem heutigen Abgeordnetenhaus verlief.

Britzer Garten ➡ dC/dD5
Sangerhauser Weg 1, Mariendorf
U6: Alt-Mariendorf
☎ (030) 700 90 67 10
www.britzergarten.de

Populärer Erholungspark (90 ha) mit Liegewiesen, Seen, Bächen und Quellen, Gehölzgruppen, Blumenbeeten und Themengärten. Höhepunkte sind die Tulpenblüte »Tulipan im Britzer Garten« und die »Große Dahlienschau« im Spätsommer. Außerdem: Gastronomie, Veranstaltungen und Spielgeräte.

Gärten der Welt ➡ dB6
Haupteingang: Blumberger Damm 44, Marzahn, S7: Mehrower Allee, dann Bus X69: Blumberger Damm/ Gärten der Welt; oder U5: Kienberg/Gärten der Welt, dann Seilbahn
Eingang Eisenacher Str. 99, S7: Marzahn, dann Bus 195: Eisenacher Straße/Gärten der Welt
☎ (030) 700 90 67 20
www.gaertenderwelt.de
Der größte chinesische Garten in Europa und weitere »Gärten der Welt« entführen nach Japan, Korea, Bali und in den Orient. Europa präsentiert sich mit einem Irrgarten, einem Renaissancegarten, dem Karl-Foerster-Staudengarten sowie einem Christlichen Garten. Zur Internationalen Gartenausstellung Berlin 2017 wurde der Englische Garten als zehnter Themengarten eröffnet und das Gesamtkunstwerk »Gärten der Welt«

verdoppelte sich auf eine Fläche von über 40 ha. Die Seilbahn bildet eine attraktive Anbindung der »Gärten der Welt« an die U-Bahn. Der neu entstandene Kienbergpark ist frei zugänglich.

Liebermann-Villa am Wannsee ➡ dD3

Colomierstr. 3, Wannsee
S1/7: Wannsee, dann Bus 114
✆ (030) 80 58 59 00
liebermann-villa.de
1910 bezog Max Liebermann sein »Schloss am See«, in dem er bis zu seinem Tod 1935 die Sommer verbrachte. Hier entstanden rund 200 Gemälde, deren Motive der Maler in seinem Garten fand – deutlich zu erkennen an der reizvollen Gegenüberstellung von Gemäldereproduktionen und dem »realen« rekonstruierten Garten sowie der großen Wiese mit Birkenallee, die zum Wannsee hin abfällt. Mit Café und Museumsshop.

Pfaueninsel ➡ dD3

Pfaueninselchaussee, Wannsee
S1/7: Wannsee, dann Bus 218
✆ (030) 969 42 00, www.spsg.de
Schloss wegen Sanierung geschl. Beim Spaziergang über die idyllische Insel freut man sich über Vogelgezwitscher, stolze Pfauen, reizvolle Ausblicke auf die Havellandschaft, schmucke Gartenanlagen, Parkbauten wie die Meierei (mit Festsaal und Ausstellung zur Nutzungsgeschichte) und natürlich das märchenhafte Schloss in Gestalt einer Ruine (1794–97).

Tempelhofer Feld ➡ H/J7–9

Eingänge: Tempelhofer Damm, Columbiadamm, Oderstraße, Tempelhof-Schöneberg/Neukölln
S41/42/46, U6: Tempelhof
www.tempelhofer-park.de
www.thf-berlin.de
Dort, wo bis Ende 2008 Flugzeuge starteten und landeten,

entstand die größte innerstädtische Spielwiese – mit über 300 ha größer als der Central Park in New York. Hier tummeln sich Jogger, Radfahrer und Skater, locken Spiel-, Sport-, Picknick- und Grillplätze, finden Hunde Auslauf und Vögel Schutzgebiete, praktizieren Anwohner Urban Gardening.

Treptower Park ➡ G/H 13

In Alt-Treptow
Treptow-Köpenick
S8/9/41/42/85: Treptower Park
Am Ufer der Spree entlangspazieren, Boot fahren, picknicken oder im Traditionslokal Zenner einkehren, die Insel der Jugend umrunden, Tretboot oder Kanu mieten, in der Archenhold-Sternwarte das längste bewegliche Fernrohr der Welt bestaunen und das imposante Sowjetische Ehrenmal besuchen.

Wellness

Hamam ➡ F10

Türkisches Bad für Frauen im Frauenzentrum Schokoladenfabrik e.V., Mariannenstr. 6, Hinterhaus, Kreuzberg
U1/8: Kottbusser Tor
✆ (030) 615 14 64
www.hamamberlin.de
Nur nach Voranmeldung
»Hamam« bedeutet Wärme und das meint im türkischen Bad (nur

Das Tempelhofer Feld bietet Platz für jede Menge Freizeitaktivitäten

für Frauen) ein Zusammenspiel von Reinigung und Pflege für Körper und Seele.

Liquidrom ➡ F7

Möckernstr. 10, Kreuzberg
U1/7: Möckernbrücke, S1/2/25: Anhalter Bahnhof
℅ (030) 258 00 78 20
www.liquidrom-berlin.de
Sich im warmen Solewasser treiben lassen und bei klassischer Musik oder elektronischen Klängen eintauchen in eine andere Welt.

Vabali Spa ➡ C5

Seydlitzstraße 6, Moabit
S-/U-Bahn: Hauptbahnhof
℅ (030) 911 48 60
www.vabali.de
Bali in Berlin: Exklusives Wellness-Resort in asiatischem Ambiente mit Saunen, Innen- und Außenpools, Restaurant, Massagen und Schönheitsanwendungen.

Strandbars, Restaurants am Wasser, Biergärten

Ob Liegestuhl und die Füße im Sand oder die Biergartenbank unter Kastanien: Im Sommer heißt die Devise »Hauptsache draußen«. Abkühlung und Abwechslung bringen frische Cocktails, heiße Rhythmen und diverse Aktivitäten.

Strandbar an der Spree

Capital Beach ➡ D6

Ludwig-Erhardt-Ufer
Tiergarten
S-/U-Bahn: Hauptbahnhof, U5: Bundestag
Liegestühle am grünen Strand der Spree mit Blick auf den Hauptbahnhof. Die Musik sorgt für Partystimmung unter den jungen Gästen.

Loretta am Wannsee ➡ dD3

Kronprinzessinnenweg 260
Zehlendorf, S1/7: Wannsee
www.loretta-berlin.de
Die Lage ist grandios. Auf zwei Ebenen stehen Liegestühle und Biergartenbänke zur Verfügung. Die Küche ist bayerisch rustikal. Wer es edler mag: Es gibt auch ein Restaurant (€€) an der Straße.

Pirates Berlin ➡ F11

Mühlenstr. 78–80
Friedrichshain
U-/S-Bahn: Warschauer Straße
℅ (030) 97 00 24 14
piratesberlin.com
Palmen, Liegestühle, kühle Drinks, die Füße im Sand und die Oberbaumbrücke im Blick – und ringsum tobt die Szene zwischen East Side Gallery und Mercedes-Benz Arena. Tagsüber entspannt und abends Party: Das Erlebnisrestaurant mit Terrassen, Dancefloor, Sandstrand und Beachbar direkt an der Spree bietet für jeden etwas.

Kaisergarten am Grunewaldturm ➡ dC3

Havelchaussee 61
Charlottenburg
Bus 218: Grunewaldturm
kaisergarten-grunewald.de
200 Stufen führen in dem über 100 Jahre alten Turm zur Aussichtsplattform in 36 m Höhe. Das Bistro im Sockel und der große Biergarten davor (kleine Gerichte, €) bieten sich als Start- und Endpunkt an für den spannenden Rundweg der Waldausstellung »Wald.Berlin.Klima«.

Festlich geschmückte Wannseeterrassen

Eine weite Sicht über die Havellandschaft und Berlin bietet sich auch vom im nördlichen Grunewald gelegenen **Teufelsberg**.

Wannseeterrassen ➧ dC3
Wannseebadweg 35, Wannsee
✆ (030) 80 90 82 18
www.wannseeterrassen.berlin
Gehobene Ausflugsgaststätte (€€–€€€). Man sitzt wunderschön auf der Terrasse mit Blick auf den Wannsee und die Havel. Gute Küche sowie Kaffee, Kuchen, Eis.

Zollpackhof Restaurant – Biergarten ➧ D6
Elisabeth-Abegg-Str. 1, Mitte
S-/U-Bahn: Hauptbahnhof
✆ (030) 33 09 97 20
www.zollpackhof.de
Großer Biergarten unter schattigen Kastanien mit Blick auf das Kanzleramt, dazu Bratwurst, Steak und Leberkäse. €

Die schönsten Badestellen

Badeschiff ➧ G12
Auf dem Arena-Gelände
Eichenstr. 4, Treptow
S8/9/41/42/85: Treptower Park
www.arena.berlin
Schwimmen in der Spree – so scheint es jedenfalls, wenn man

in dem zum Pool umgebauten Kahn seine langen Bahnen zieht. Liegestühle stehen am Sandstrand und auf Holzplanken. Mit Bar, Musik und Party.

Strandbad Wannsee ➧ dC/dD3
Wannseebadweg 25
Zehlendorf
S1/7: Nikolassee
✆ (030) 22 19 00 11
www.berlinerbaeder.de
Nicht nur Berliner lieben ihr über 100 Jahre altes Strandbad mit seinem 1200 m langen Sandstrand und weiten Wiesenflächen mit herrlichen Ausblicken über die Havellandschaft. Strandkorbverleih, Wassersport, Kinderspielplätze und ein großes Imbissangebot. ■

Der Teufelsberg im Grunewald

Berlin um 1820

Daten zur Stadtgeschichte

Um 750 Die Heveller errichten mit dem Herrensitz »Spandow« (Spandau) die erste Siedlung im Berliner Raum.

1232 Spandau erhält das Stadtrecht.

1237 Erste urkundliche Erwähnung der Kaufmannssiedlung Cölln. Das erste Dokument der rund um die Nikolaikirche erbauten Siedlung Berlin stammt aus dem Jahre 1244.

1307 Berlin und Cölln bilden einen gemeinsamen Rat.

1415 Ein Burggraf aus Nürnberg erhält die Mark Brandenburg als Lehen. Als Kurfürst Friedrich I. begründet er die 500-jährige Herrschaft der Hohenzollern.

1436 Berlin und Cölln erwerben die Johanniterdörfer Tempelhof, Mariendorf, Marienfelde und Richardsdorf (Rixdorf, seit 1912 Neukölln).

1443–51 Am Ufer der Spree entsteht für Kurfürst Friedrich II. das erste Stadtschloss.

1486 Berlin wird Residenz des Kurfürsten von Brandenburg.

1539 Kurfürst Joachim II. leitet in Kurbrandenburg die Reformation ein. Berlin wird führende Stadt des Protestantismus.

1618–48 Durch den Dreißigjährigen Krieg verringert sich die Einwohnerzahl Berlins auf 6000.

1640–68 Unter Friedrich Wilhelm, dem »Großen Kurfürsten« von Brandenburg, erhöht sich die Einwohnerzahl der Stadt Berlin auf über 20000 Menschen.

Friedrich II. der Große

1647 Der Große Kurfürst lässt die Allee »Unter den Linden« zwischen Schloss und Tiergarten anlegen.

Ab 1685 Einwanderung von in Frankreich verfolgten, protestantischen Hugenotten.

1701	Kurfürst Friedrich III. von Brandenburg krönt sich zum »König in Preußen« und macht Berlin zur Residenzstadt.
1709	Aus den Städten Berlin, Cölln, Friedrichswerder, Dorotheenstadt und Friedrichstadt entsteht die Gemeinde Berlin mit ca. 60 000 Einwohnern.

Kaiserproklamation Wilhelms I. in Versailles 1871

1740–86 Unter Friedrich dem Großen wird Berlin eine Hauptstadt von europäischem Rang sowie Zentrum der Aufklärung.

Um 1800 Berlin hat über 170000 Einwohner und ist bedeutendste Industriestadt Preußens (Baumwoll- und Seidenmanufakturen).

1806 Napoleon zieht durch das Brandenburger Tor in die preußische Hauptstadt ein. Bis 1808 bleibt Berlin unter französischer Besatzung.

1810 Die Universität wird gegründet; Aufschwung für Wissenschaft, Literatur, Musik- und Theaterleben.

1813 Berlin wird zum Zentrum der »Befreiungskriege« 1813–15 gegen Napoleon.

1838 Berlins erste Eisenbahnstrecke führt von Potsdam über Zehlendorf zum Bahnhof Potsdamer Platz.

1848 Scheitern der Märzrevolution; Entwicklung zum Industriestandort.

1871 König Wilhelm I. wird in Versailles zum Deutschen Kaiser proklamiert; Fürst Otto von Bismarck wird Reichskanzler; Berlin wird Hauptstadt des Deutschen Reiches. In den folgenden »Gründerjahren« wächst Berlin zur Millionenstadt. Mietskasernen für die Arbeiter entstehen; neuer Aufschwung des kulturellen Lebens.

1882 Eröffnung der Berliner Stadtbahn. Die Ringbahn führt um Berlin herum, die Stadtbahn durch das Zentrum. Die Fernbahnen enden in zehn Kopfbahnhöfen; Berlin ist Verkehrsmittelpunkt in Deutschland und Mitteleuropa.

1894 Eröffnung des Reichstagsgebäudes.

1895 Einweihung der Kaiser-Wilhelm-Gedächtniskirche.

1902 Die erste Hoch- und U-Bahn verkehrt zwischen Warschauer Brücke und dem »Knie« (Ernst-Reuter-Platz); Berlin verfügt bald über eines der leistungsfähigsten Nahverkehrssysteme der Welt.

1906 Mit der Eröffnung des von Köpenick nach Potsdam verlaufenden Teltowkanals wird Berlin zu einer der großen Binnenhafenstädte Europas.

1918 Abdankung des Kaisers nach der Novemberrevolution.

1920 Aus acht Stadtgemeinden, 59 Landgemeinden und 27 Gutsbezirken entsteht die Gemeinde Groß-Berlin mit ca. vier Millionen Einwohnern. Trotz Weltwirtschaftskrise (600000 Arbeitslose) und politischer Unruhen erlebt Berlin die Goldenen Zwanzigerjahre in allen Bereichen der Kunst.

1932	Berlin hat mit 173000 Juden (4,3% der Bevölkerung) die fünftgrößte jüdische Gemeinde der Welt.
1933	Machtübernahme der Nationalsozialisten. Im selben Jahr: Reichstagsbrand, Bücherverbrennung auf dem Opernplatz. Aufruf zum Boykott jüdischer Geschäfte durch Reichspropagandaminister Joseph Goebbels. Es folgen u. a. Berufsverbote für Juden, Zwangsenteignungen, Entlassung aus dem Staatsdienst.
1936	Die Olympischen Sommerspiele werden zum Propagandaspektakel.
1938	Reichspogromnacht (9./10. November): Anschläge auf Synagogen und jüdische Geschäfte.
1941	Beginn der Massendeportation der Berliner Juden in Konzentrations- und Vernichtungslager.
1942	Auf der Wannsee-Konferenz am 20. Januar wird die Vernichtung der Juden beschlossen und geplant.
1943–45	Verheerende westalliierte Luftangriffe auf Berlin, etwa 50000 Tote.
1944	Das Attentat auf Hitler am 20. Juli in Ostpreußen misslingt. Die Verschwörer unter Oberst Claus Graf Schenk von Stauffenberg werden im Bendler-Block (heute Gedenkstätte) hingerichtet.
1945	Adolf Hitler begeht am 30. April im Bunker der Reichskanzlei Selbstmord. Die Wehrmacht kapituliert am 8. Mai. Die schwer verwüstete Stadt wird von den vier Siegermächten in vier Sektoren verwaltet.
1948	Blockade durch die Sowjets und politische Teilung; West-Berlin wird fast ein Jahr lang über die »Luftbrücke« versorgt.
1948	Behinderungen an der (Ost-Berliner) Humboldt-Universität führen zur Gründung der »Freien Universität« in West-Berlin.
1949	In Bonn wird das Grundgesetz der Bundesrepublik Deutschland verkündet. (West-)Berlin wird unter Maßgabe alliierter Vorbehalte zu einem Bundesland. Im Oktober wird in Ost-Berlin die Deutsche Demokratische Republik proklamiert, Ost-Berlin wird Hauptstadt und Regierungssitz der DDR.
1953	Am 17. Juni kommt es zum Volksaufstand in Ost-Berlin.

Mit dem Bau der Berliner Mauer 1961 stand das Brandenburger Tor mitten im Sperrgebiet

1961	Bau der Berliner Mauer am 13. August.
1971	Das Viermächteabkommen garantiert die Transitwege und erleichtert den Besuch von West-Berlinern in Ost-Berlin.
1989	Friedliche Revolution in der DDR. Massenproteste gegen das Regime; Zehntausende verlassen das Land. Am 9. November fällt die Berliner Mauer.
1990	Am 3. Oktober wird die Wiedervereinigung vollzogen. Der Tag wird Nationalfeiertag.

Nach dem Fall der Mauer wollten viele erst einmal auf die Mauer

1991	Berlin wird Regierungssitz und Bundeshauptstadt.
1994	Die Alliierten verlassen Berlin: Ende der Nachkriegszeit.
1999	Die Bundesregierung zieht nach Berlin.
2001	Neugliederung der Berliner Bezirke: aus 23 werden zwölf. Eröffnung des Jüdischen Museums Berlin.
2005	Das Denkmal für die ermordeten Juden Europas wird eingeweiht.
2006	Mit dem neuen Hauptbahnhof eröffnet der größte Umsteigebahnhof Europas.
2008	Der Flughafen Tempelhof wird geschlossen. Sechs Berliner Siedlungen des sozialen Wohnungsbaus der 1920er Jahre werden in die UNESCO-Welterbeliste aufgenommen.
2012	Die geplante Eröffnung des Internationalen Flughafens Berlin Brandenburg muss verschoben werden. Die Stadt feiert ihr 775-jähriges Bestehen.
2013	Grundsteinlegung für das Humboldt Forum.
2014	25. Jahrestag des Mauerfalls. Höhepunkt ist eine Lichtinstallation von zwölf Kilometern Länge entlang des ehemaligen Mauerverlaufs zwischen Ost- und West-Berlin.
2017	Internationale Gartenausstellung (IGA) in den »Gärten der Welt« in Marzahn-Hellersdorf.
2019	Der Internationale Frauentag am 8. März wird in Berlin gesetzlicher Feiertag.
2020	Die Auswirkungen der Corona-Pandemie treffen vor allem Kultur, Gastronomie, Hotellerie und den Veranstaltungssektor; der Berlin-Tourismus bricht um 65 Prozent ein. Mitten in der Pandemie eröffnet der Flughafen BER. Die U-Bahnlinie 5 nimmt den Betrieb zwischen Brandenburger Tor und Alexanderplatz auf. Die Eröffnung des Humboldt Forums findet digital statt.
2021	Das Humboldt Forum öffnet seine Ausstellungen. Die Neue Nationalgalerie erstrahlt wieder nach sechsjähriger Sanierung.
2023	Die Special Olympics World Games, die weltweit größte inklusive Sportveranstaltung, findet im Juni in Berlin statt. ■

Berlin in Zahlen und Fakten

Alter: Die Stadt entwickelte sich Ende des 12. Jh. aus den Kaufmannssiedlungen Cölln und Berlin. Die »Geburtsurkunde« stammt aus dem Jahr 1237.
Fläche: 892 km²
Lage: 34 bis 115 m über NN
Einwohner: 3,7 Mio.
Einwohnerdichte: 4117 Einwohner pro km²
Bevölkerungszusammensetzung: Menschen mit 193 verschiedenen Nationalitäten leben in Berlin. Sie stellen ca. 20 % der Bevölkerung. Die größte Gruppe bilden türkische Staatsangehörige, gefolgt von Menschen mit polnischer Staatsangehörigkeit.
Bildung: Berlin mehr als 30 Universitäten und (auch private) Hochschulen mit knapp 200 000 Studierenden.
Wirtschaft: Der Dienstleistungssektor, angeführt vom Tourismus, ist der wichtigste Wirtschaftszweig Berlins. Daneben spielen die Elektroindustrie und die Sparten Nahrungsmittel, Chemie, Maschinen- und Fahrzeugbau eine wichtige Rolle.
Tourismus: Berlin ist eines der wichtigsten Städtereiseziele. Im Jahr 2022 wurden 26,5 Millionen Übernachtungen und 10,4 Millionen Gäste in der Stadt gezählt. Damit erreichte die Anzahl der Gäste wieder etwa 75 Prozent vom Stand 2019.

Anreise

Mit dem Flugzeug
Der **Flughafen Berlin-Brandenburg BER** ➡ dD6 (ber.berlinairport.de, Flughafeninfo: © 030-60 91 60 91-0) ist mit den öffentlichern Verkehrsmitteln gut an die Stadt angebunden. Mehrmals stündlich verkehren Airport Express (FEX) und Regionalbahnen (RE7, RB14) zwischen dem Bahnhof BER T1-2 und dem Berliner Hauptbahnhof (Fahrzeit 30 Min.). Die S-Bahnen S9 und S45 bedienen den Bahnhof jeweils im 20-Minuten-Takt und fahren in 40–45 Min. in die Berliner Innenstadt. Zudem verbindet ein Intercity den Flughafenbahnhof mehrmals täglich mit Rostock (via Berlin Südkreuz und Hauptbahnhof) und Dresden.

Anbindung mit Bussen: Die Busse der BVG X7 und X71 fahren in 16 Minuten vom Terminal 1 zum U-Bahnhof Rudow (Endstation U7). Der Airport Shuttle (bex.de) BER2 verkehrt mehrmals täglich zwischen Potsdam Hauptbahnhof und BER T1-2 (ca. 1 Std.). Das gilt auch für den Airport Shuttle BER1,

Transparente Demokratie: Blick auf das Parlaments- und Regierungs-viertel mit der nächtlichen illuminierten Reichstagskuppel

der ab Terminal 1 nach Rathaus Steglitz fährt (ca. 50 Min.).

Taxi, Carsharing und Miet-wagen: Die **Taxistände Nord und Süd** befinden sich vor Terminal 1 auf der Ebene E0. Abreisende Pas-sagiere können bei Ankunft auf der Ebene E1 sofort einchecken.

Auf dem Parkplatz P4 stehen die Wagen diverser **Carsharing-Anbieter** bereit. Diese können an vielen Orten in der Stadt ab-gestellt werden.

Die Counter verschiedener **Mietwagenfirmen** befinden sich in der Ebene E0 des Terminals 1. Abholung und Rückgabe im Miet-wagencenter im Parkhaus P2.

Mit der Bahn

Alle Fernzüge halten am **Haupt-bahnhof** ➡ D6, weitere Stopps (je nach Strecke) an den Bahn-höfen Spandau, Ostbahnhof, Gesundbrunnen, Südkreuz. Bahnauskunft: ✆ (030) 29 70, www.bahn.de. Vom Hauptbahn-hof Anschluss an die S-Bahn in Ost-West-Richtung (u. a. Zoolo-gischer Garten, Friedrichstraße, Alexanderplatz). Die U5 fährt nach Mitte (u. a. Brandenburger Tor, Unter den Linden, Alexan-derplatz), die Busse M41 und M85 fahren zum Potsdamer Platz.

Mit dem Bus

Der **zentrale Omnibusbahnhof Berlin (ZOB)** ➡ bB2 liegt gegen-über dem Messegelände unter dem Funkturm in Charlotten-burg (✆ 030-30 10 01 75, zob. berlin). Das Ticketcenter be-findet sich in der Wartehalle. Hier enden (und starten) alle Fernbuslinien. Anschluss in die Innenstadt: Ab Messe Nord/ICC mit der S41/42/46 oder ab Kai-serdamm mit der U2 oder mit den Bussen M49, 139, 218.

Mit dem Auto

Die Autobahnen aus München/Nürnberg (A9), Hannover (A2), Hamburg (A24), Rostock (A19), Dresden (A13) und Frankfurt/Oder (A12) münden in den Ber-liner Ring (A10). Mit Staus ist generell zu rechnen. In der In-nenstadt ist die **grüne** Umwelt-plakette Pflicht.

Auskunft

visitBerlin
www.visitberlin.de
hallo@visitberlin.de
✆ (030) 25 00 23 33
Information, Reservierung von Hotels und Tickets für Veran-staltungen, Stadtrundfahrten und vieles mehr.

Tourist Information Berlin-Bran-denburg ➡ dD5/6
Im Flughafen BER
Berlin Brandenburg Welcome-Center, Terminal 1 Ebene E0

Informationen zu Berlin und Brandenburg, Zimmervermittlung, Fahrkarten, WelcomeCard, Vermittlung von Stadttouren und weitere Dienstleistungen.

Berlin Tourist Informationen
– im Brandenburger Tor ➡ E7
Pariser Platz, südliches Torhaus
– im Hauptbahnhof ➡ D6
Erdgeschoss, Eingang Europaplatz
– im Humboldt Forum
Schlossplatz

Feste, Veranstaltungen, Messen

Das Veranstaltungsangebot der Hauptstadt ist riesig, und das nicht nur indoor: Schon im ersten Corona-Sommer 2020 wurde Berlin mit Fantasie, Kreativität und Humor zur »Draußenstadt« (www.draussenstadt.berlin). Die Plattform für alle Open-Air-Events hat sich gehalten.

Ausgewählte Feste & Veranstaltungen:

Berliner Festspiele GmbH
Schaperstr. 24, 10719 Berlin
www.berlinerfestspiele.de

Der »Karneval der Kulturen« wirbt für Völkerverständigung, Integration und Miteinander

Veranstaltet u. a. das Festival für Zeitfragen **MaerzMusik** (März), das **Theatertreffen der Jugend** (April/Mai), das **Theatertreffen der deutschsprachigen Bühnen** (Mai), die hochkarätige Konzertreihe **Musikfest Berlin** (Sept.), das **JazzFest Berlin** (Anfang Nov.) sowie das **Treffen junger Autor*innen** (Mitte Nov.).

Februar
Internationale Filmfestspiele Berlin/Berlinale – eines der wichtigsten Filmfestivals, der Goldene Bär und die Silbernen Bären werden vergeben – www.berlinale.de
Berliner Sechstagerennen (Six Days Berlin) – Bahnradsport-Highlight mit Partys – sixday.com

März
Europäischer Monat der Fotografie Berlin (EMOP Berlin) – Ausstellungen und Veranstaltungen zu historischer und zeitgenössischer Fotografie in über 100 Institutionen, alle zwei Jahre (nächste: 2025) – emop-berlin.eu

Mai
Berlin Design Week – Internationales Design Festival – berlindesignweek.com

Pfingsten
Karneval der Kulturen – spektakuläres Straßenfest mit Musikern, Tänzern und Artisten nahezu aller Nationen, die in Berlin vertreten sind, Höhepunkt ist der Umzug mit fantasievoll gestalteten Wagen, bunten Kostümen, Tanz und Musik – www.karneval.berlin

Mai–September
Citadel Music Festival – bis zu 25 Konzerte verschiedener Musikrichtungen auf der Zitadelle Spandau – citadel-music-festival.de

Juni

Lange Nacht der Wissenschaften – www.langenachtderwissenschaften.de

Fête de la Musique – am 21. Juni klingt und singt es auf Straßen und Plätzen – www.fetedelamusique.de

48 Stunden Neukölln – Kunst und Kultur aus allen Sparten der Berliner Szene – 48-stunden-neukoelln.de

Juni–September

Berlin Biennale – Ausstellung internationaler zeitgenössischer Kunst, alle zwei Jahre (nächste: 2025) – www.berlinbiennale.de

Juli

Kreuzbergfestival – Kreuzberg jazzt! Kreuzberg macht Theater! Kreuzberg kocht! – kreuzbergfestival.de

Classic Open Air – am Gendarmenmarkt (wegen Sanierung des Platzes erst ab 2025 wieder) – classicopenair.de

Christopher Street Day (CSD) – farbenfrohe Schwulen- und Lesbenparade – csd-berlin.de

Juli/August

Internationales Straßentheaterfestival »Berlin lacht!« – Straßentheater auf dem Alexanderplatz – berlin-lacht.de

Young Euro Classic – Jugendorchester aus aller Welt spielen Neues, Ungewohntes – www.youngeuro-classic.de

Berlin Fashion Week – Modenschauen – fashionweek.berlin

August

Tanz im August – internationales Festival für zeitgenössischen Tanz – www.tanzimaugust.de

Lange Nacht der Museen – www.lange-nacht-der-museen.de

Tage der offenen Tür der Bundesregierung – Einblicke in den Regierungsalltag – www.bundesregierung.de

Ein Highlight des Jahres: die Internationalen Filmfestspiele

August/September

Pop-Kultur – Musikfestival mit Konzerten, Lesungen, DJ-Sets, Filmscreenings und Performances – www.pop-kultur.berlin

September

Berlin-Marathon – Marathon für Läufer, Inline-Skater, Power-Walker, Rollstuhl- und Handbikefahrer – www.bmw-berlin-marathon.com

Lollapalooza Berlin – Mix aus Musik, Fashion, Streetart, Food und Nachhaltigkeit, Olympiastadion und Olympiapark – www.lollapaloozade.com

Der Marathon im September zählt zu den größten Lauf-Events der Welt

Konzerte in der Waldbühne sind ein unvergessliches Erlebnis

Internationales Literaturfestival – Literarisches von rund 200 Autoren aus über 40 Ländern – literaturfestival.com

Oktober
Festival of Lights – Lichtinszenierungen auf Gebäuden und Plätzen – festival-of-lights.de

Dezember
Weihnachtsmärkte – ca. 60 Märkte in allen Stadtteilen von nostalgisch-romantisch bis zum Winterjahrmarkt

Messen:

Januar
Internationale Grüne Woche – Messehallen am Funkturm – www.gruenewoche.de

März
Internationale Tourismusbörse ITB – Messehallen am Funkturm – www.itb.com/de

September
IFA – Internationale Funkausstellung, weltgrößte Messe für Consumer Electronics, Messehallen am Funkturm – www.ifa-berlin.com
Berlin Art Week – Zeitgenössische Kunst in Messen und Ausstellungen – berlinartweek.de

Veranstaltungsorte:

Max-Schmeling-Halle ➡ A/B8/9
Am Falkplatz, Prenzlauer Berg
www.max-schmeling-halle.de
Sport (Bundesliga-Handball, -Volleyball) und Konzerte.

Mercedes-Benz-Arena ➡ F11
Mercedes-Platz 1, Friedrichshain
✆ (030) 20 60 70 88 99
www.mercedes-benz-arena-berlin.de
Multifunktionsarena für Sport-Highlights und Show-Events sowie Konzerte. Heimspiele von Alba Berlin (Basketball) und der Eisbären (Eishockey).

Olympiastadion und -park ➡ dC3
Olympischer Platz 3, Charlottenburg, Haupteingang Osttor
✆ (030) 306 88-100
olympiastadion.berlin
Verschiedene Themenführungen im Angebot, z. B. Highlights Tour und Hertha BSC Tour.

Tempodrom ➡ F7
Möckernstr. 10, Kreuzberg
✆ (030) 74 73 70
Tickethotline ✆ 01806-55 41 11
www.tempodrom.de
Klassische Konzerte ebenso wie Rock und Pop, Reiterspektakel, Zirkus, Holiday on Ice.

Velodrom ➡ C12
Paul-Heyse-Str. 26
Prenzlauer Berg
✆ (030) 44 30 45
www.velodrom.de
Konzerte und Großveranstaltungen wie das Sechs-Tage-Rennen.

Waldbühne ➡ dC3
Glockenturmstr. 1
Charlottenburg
✆ 01805-57 00 70 (Tickets)
www.waldbuehne-berlin.de
www.eventim.de (Tickets)
Berlins schönste Open-Air-Bühne für 20 000 Zuschauer.

Hinweise für Menschen mit Handicap

Das Signet »Berlin barrierefrei« kennzeichnet öffentliche Einrichtungen, Hotels, Restaurants, Museen und Geschäfte, die für Rollstuhlfahrer problemlos erreichbar sind und ausreichend Bewegungsfreiheit aufweisen. Andere Museen und Sehenswürdigkeiten sind für Rollstuhlfahrer über Aufzüge, Sondereingänge, Rampen etc. zugänglich. Oft werden auch spezielle Führungen/Einrichtungen für Sehbehinderte und Gehörlose angeboten (www.bfuerb.de).

Moderne Veranstaltungshäuser und Einkaufszentren sind alle rollstuhlgerecht ausgestattet. Bei historischen Bauten wurde und wird so gut wie möglich – und wie es der Denkmalschutz zulässt – nachgebessert.

Die Busflotte der BVG (www.berlin.de/lb/behi/berlin-barrierefrei) ist komplett barrierefrei. U- und S-Bahnhöfe sind oft mit Aufzügen zu erreichen. Bahnhöfe verfügen über ein Blindenleitsystem.

Barrierefreie Stadtrundfahrten und Schiffstouren durch Berlin sowie eine Übersicht barrierefreier Sehenswürdigkiten und Museen findet man unter www.berlin.de/tourismus/barrierefrei.

Die ALBATROS gemeinnützige Gesellschaft für soziale und gesundheitliche Dienstleistungen sammelt und verbreitet Informationen zum Thema »barrierefreies Leben in Berlin« (© 030-74 77 71 15, www.albatrosggmbh.de).

Internet

Das städtische Netz »Free WiFi Berlin« bietet über 10 000 kostenfreie WLAN-Spots im Stadtgebiet an (Flughafen, Bahnhöfe, BVG, Museen, Bibliotheken …).

Notfälle, wichtige Rufnummern

Vorwahl für Berlin © 030
Polizei © 110
Feuerwehr/Notarzt © 112
ADAC (Pannenhilfe)
© (089) 20 20 40 00, Kurzwahl mobil: © 22 22 22
Ärztlicher Bereitschaftsdienst
© (030) 31 00 30, (030) 11 61 17, www.kvberlin.de
Privatärztlicher Bereitschaftsdienst
© (030) 89 00 91 00
Rollstuhlverleih
© (030) 600 300 200, hilfsmittel@drk-berlin.de
Zahnärztlicher Notdienst © (030) 89 00 43 33
BVG-Kundendienst und Fundbüro © (030) 19 4 49
Deutsche Bahn AG Fundbüro
www.fundservice.bahn.de
Zentrales Fundbüro
© (030) 902 77 31 01

Presse

Tageszeitungen: Berliner Morgenpost, Berliner Zeitung, die tageszeitung (taz), WELT, Der Tagesspiegel, Neues Deutschland
Boulevardzeitungen: Bild, BZ, Berliner Kurier
Stadtmagazine mit Informations- und großem Programmteil:
14-tägig: TIP, www.tip-berlin.de

Berlin bietet zuhauf idyllische Plätze im Grünen, etwa auf dem Landwehrkanal

Monatlich: SIEGESSÄULE. WE ARE QUEER BERLIN, Stadtmagazin für die queere Comunity, kostenlos; www.siegessaeule.de, Onlinemagazin mit Terminkalender für Berlin
Nur online: (030) mit Tagestipps, Szene-Infos und Partyadressen, berlin030.de
Zeitungsläden: Internationale Presse gibt es u. a. in allen Bahnhöfen.

Sightseeing, Touren

Mit dem Bus:

City Circle Tour
✆ (030) 880 41 90
city-circle.de
Stadtrundfahrt mit gelben Doppeldeckerbussen nach dem Hop-on-Hop-off-Prinzip. Es gibt 20 Haltestellen, die Busse fahren täglich alle 15–20 Minuten. Informationen über Kopfhörer in 20 Sprachen. Die komplette Runde dauert ca. 90 Minuten.

Top Tour Sightseeing
✆ (0172) 393 23 02
top-tour-sightseeing.de
Stadtrundfahrt mit roten Doppeldeckerbussen nach dem Hop-on-Hop-off-Prinzip. Route mit 20 Haltepunkten, die Busse fahren im 15-Minuten-Takt. Audioguide in 15 Sprachen. Schiffstour und ausgewählte Attraktionen können als Kombiticket zusätzlich gebucht werden.

Zu Wasser:

Berlin hat rund 180 km Wasserstraßen, einige Schiffe sind ganzjährig unterwegs.

Berliner Geschichtswerkstatt
➡ G5
Goltzstr. 49, Schöneberg
✆ (030) 215 44 50
www.berliner-geschichtswerkstatt.de
Dampferfahrten mit historischen Erläuterungen, Literatur und Musik oder zu speziellen Themen wie »Mauergeschichten« oder »Litera-Touren«.

Berliner Wassertaxi Stadtrundfahrten (BWTS) ➡ D8
✆ (030) 65 88 02 03
berlinerwassertaxi.de
Rundfahrten (1 Std.) starten am DomAquarée und am Zeughaus halbstündlich

Exclusiv Yachtcharter & Schifffahrtsgesellschaft
✆ (030) 43 66 68 36

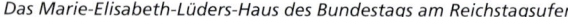

Das Marie-Elisabeth-Lüders-Haus des Bundestags am Reichstagsufer

www.berlin-cityschiffsfahrten.de
Abfahrt: Holsteiner Ufer 32 und
Mühlenstr. 1
Mit dem Raddampfer durch
die City und Brückenfahrt über
Spree- und Landwehrkanal.

Reederei Riedel
✆ (030) 62 93 31 94
www.reederei-riedel.de
Stadtkernfahrten (1 oder 1,5 Std.)
zwischen Regierungsviertel und
Nikolaiviertel; Spreefahrten
(1,5 Std.) von Hansabrücke bis
Mercedes-Benz Arena und zurück; große Citytouren mit verschiedenen Zustiegsmöglichkei-
ten; abendliche Touren.

Stern- und Kreisschiffahrt GmbH
Puschkinallee 15
Treptow
✆ (030) 536 36 00
www.sternundkreis.de
Mehr als 30 »Erlebnistouren« auf
allen Berliner Gewässern, Dauer
von 1 Std. bis zur Ganztagesfahrt,
z. B. historische Stadtrundfahrten
ab/bis Nikolaiviertel oder Haus
der Kulturen der Welt und rund
um die Müggelberge ab Hafen
Treptow. Zur Flotte gehört auch
ein Solarkatamaran.

Per Rad:

Fahrradstation am Bahnhof
Friedrichstraße ➡ D7/8
Friedrichstr. 95, Mitte
Eingang Dorotheenstr. 30
✆ (030) 215 15 66
fahrradstation.de
Fahrradvermietung und geführte
Radtouren zu verschiedenen Themen (Mauer, WestSideStories,
Berlin im Nationalsozialismus
etc.). Mit Schnellreparaturwerk-
statt.

Berlin on Bike ➡ B9
Knaackstr. 97, Kulturbrauerei
Prenzlauer Berg
✆ (030) 43 73 99 99
berlinonbike.de

Fahrradvermietung und beglei-
tete Citytouren mit Rädern – von
der Mauertour über Oasen der
Großstadt bis Berlin bei Nacht.

Berlin Rikscha Tours
✆ (0163) 307 72 97
www.berlin-rikscha-tours.de
Stadtrundfahrten in der Chinesi-
schen Rikscha. Auch Fahrradver-
leih und geführte Touren.

Spaziergänge:

art: Berlin ➡ F6
✆ (030) 68 91 50 08
artberlin-online.de
Themenschwerpunkte: Kunst,
Design und Architektur; außerdem Kiezrundgänge, Mode,
versteckte Gärten, kulinarische
Entdeckungen und mehr.

StattReisen Berlin ➡ A5
Liebenwalder Straße 35 A
Wedding
✆ (030) 455 30 28
www.stattreisenberlin.de
Schwerpunkte: Geschichte und
Gegenwart, biografische Spurensuche, auf den Spuren von »Babylon Berlin« u. a. Außerdem Stadt-
teiltouren, Friedhofsführungen
und Kindertouren (»Emils neue
Detektive«).

Verband der Berliner Stadtführer
berlin-guide.org
Rund 300 ausgebildete und zerti-
fizierte Guides führen durch die
Stadt, je nach Kundenwunsch.
Buchungen nach Vereinbarung.

Zeitreisen ➡ B10
Chodowieckistr. 10
✆ (030) 44 02 44 50
www.videobustour.de
www.zeit-reisen.de
Multimediale Stadtrundfahrten
und -gänge sowie videoTablet-
Rallyes. Die Überblickstour
»Zeitreise durch Berlin« führt zu
bedeutenden Schauplätzen der
Geschichte und liefert authenti-

sche Filmsequenzen dazu, vom Kaiserreich über das Dritte Reich bis zu Mauerbau und Mauerfall. Ein Renner ist der Babylon-Berlin-Rundgang. Gruppentouren entsprechend der Wünsche der Gäste werden auf Anfrage auch angeboten.

Sonstiges:

Air Service Berlin ➡ E/F7
berlinhelicopter.de
Im Ballongarten am Checkpoint Charlie, Wilhelm-, Ecke Zimmerstraße eröffnet der **Fesselballon** einen atemberaubenden Blick aus 150 m Höhe über die City.

Wer einen noch größeren Überblick erhalten will, kann vom Flughafen BER Terminal T1 im **Helikopter** aufsteigen. Rundflüge im Hubschrauber über Berlin und Brandenburg starten in Strausberg.

Berliner Unterwelten e.V. ➡ A7
Brunnenstr. 105, Wedding
S-Bahn, U8: Gesundbrunnen
✆ (030) 49 91 05 17
www.berliner-unterwelten.de
Online-Shop: tickets.berliner-unterwelten.de
Ticket-/Buchshop: Pavillon neben südl. Eingang zum U-Bahnhof. Dauerausstellung: im Zwischengeschoss des U-Bahnhofs, Eingang Bad-/Behmstraße Brauereikeller, U-Bahn-Schächte, Luftschutzbunker, Fluchttunnel: Berlins Untergrund steckt voller Geschichten. Das Berliner **Unterwelten-Museum** (mit Führung durch »Dunkle Welten«) und weitere Touren geben Einblicke in die geheimnisvolle Welt unter dem Pflaster Berlins.

Die multimediale Dauerausstellung **»Mythos Germania«** auf zwei Zwischenebenen im U-Bahnhof Gesundbrunnen erläutert u. a. mit einem Großmodell der Reichshauptstadt Germania »Hitlers Pläne für Berlin«.

Oldie Käfer Tour Berlin ➡ E7
Anmietung und Rückgabe: Leipziger Platz 9, Mitte
✆ (030) 206 20 19 41
www.oldie-kaefer-tour-berlin.de
Mit dem (West-)Kult-Auto individuell mit bis zu vier Personen auf Entdeckertour durch Berlin. Oder Stadtrundfahrt im VW-Bus mit Guide (ohne Fahrer), maximal 6 Personen.

SEG2GO – Segway Point Berlin-Mitte ➡ D8/9
Im City-Quartier DomAquarée
Karl-Liebknecht-Str. 5, Mitte
✆ (030) 75 63 95 93
www.seg2go.de
Die Segway-Tour durch Berlins Mitte. Erfahrene Fahrer können einen Segway mieten.

TimeRide ➡ E7
Zimmerstr. 91, Mitte
✆ (030) 31 01 13 00
timeride.de/berlin
Zeitreise in das geteilte Berlin der 1980er Jahre. Nach kurzer Einführung in die Ost- und West-Lebenswelten geht es mit VR-Brille durch Ost-Berlin.

Trabi Safari ➡ E/F7
Start: Ballongarten am WELT-Ballon, Zimmer-, Ecke Wilhelmstraße, Mitte
✆ (030) 30 20 10 30
www.trabi-safari.de
Mit bunten Trabis im Konvoi zu Mauerpark, Todesstreifen, East Side Gallery und Checkpoint Charlie. Das Fahrgefühl ist gewöhnungsbedürftig. Live-Erklärungen über Funk. Für die einen ein riesiger Spaß, für andere ein ökologischer Frevel.

Verkehrsmittel

Berlin entdeckt man am besten mit öffentlichen Verkehrsmitteln, Parkplätze sind rar und teuer. Es gibt drei **Tarifzonen** (AB, BC,

ABC), wobei sich die meisten Touristen auf den Innenstadtbereich (AB) beschränken. Die 24-Stunden-Karte lohnt sich bereits ab drei Fahrten. Eine 4-Fahrten-Karte ist günstiger als vier Einzelkarten. Auch Kurzstreckenkarten sind im Angebot. Wer in kleinerer Gruppe reist, fährt günstig mit der Kleingruppenkarte.

Die **WelcomeCard** (www.berlin-welcomecard.de) bietet freie Fahrt im Tarifbereich AB und Ermäßigungen (25–50 %) bei über 180 Attraktionen – Stadtrundfahrten, in Museen, Theatern und weiteren touristischen und kulturellen Highlights. Es gibt sie für zwei bis sechs Tage. Die **WelcomeCard all inclusive** beinhaltet zusätzlich: freie Fahrt im Tarifbereich C und freien Eintritt bei 30 Attraktionen. Die **WelcomeCard + Museumsinsel** gilt 72 Std. und gewährt zusätzlich zu den Leistungen der einfachen WelcomeCard freien Eintritt in alle Museen der Museumsinsel.

Zu allen Welcome Cards gibt es ein Begleitheft mit Informationen sowie einen Stadtplan. Erhältlich sind die Karten bei den Tourist Informationen sowie in Hotels, den VBB-Verkaufsstellen und online.

Ein weiteres Angebot ist die **CityTourCard (www.citytour card.com).** Auch sie ist erhältlich für zwei bis sechs Tage und gewährt Vergünstigungen sowie freie Fahrte im öffentlichen Nahverkehr – wahlweise AB oder ABC.

Am Wochenende (Freitag- und Samstagnacht) gibt es durchgängigen **Nachtverkehr** auf zahlreichen S- und U-Bahnlinien. Nachtbus-Linien fahren nach Betriebsschluss der U-Bahn (an Werktagen ca. ab 0.30 Uhr) etwa alle 30 Minuten.

E-Scooter, Motorroller, Fahrräder, E-Bikes verschiedener Anbieter stehen beinahe an jeder Ecke, vor allem in der Nähe von Hotspots. Sie können bequem auch für kurze Strecken gemietet werden: kostenlose App herunterladen, registrieren, Bankdaten hinterlegen und losfahren. Später abstellen an öffentlich zugänglichen Plätzen, teilweise auf markierten Flächen. Das Fahren mit E-Tretrollern auf dem Gehweg und in Fußgängerzonen ist verboten.

Neben traditionellen **Mietwagenfirmen** (europcar.de, sixt.de) gibt es **Carsharing-Angebote** für kürzere Autofahrten. Die Bedingungen sind ähnlich, die Tarife unterschiedlich. Anbieter sind unter anderem: www.cambio-carsharing.de, www.flinkster.de, www.miles-mobility.com, www.share-now.com.

Taxis sind zu bestellen mit der App taxi.eu oder free-now.com/de.

Taxiunternehmen in Berlin sind unter anderem:
City-Funk: ℡ (030) 21 02 02, www.cityfunk.de
EcoTaxi: ℡ (030) 210 10 20, www.ecotaxi.de
Funk Taxi Berlin: ℡ (030) 26 10 26, www.funk-taxi-berlin.de
Quality Taxi: ℡ (030) 26 30 00, www.quality-taxi.de
Taxi Berlin: ℡ (030) 20 20 20, www.taxi-berlin.de
Würfelfunk ℡ (030) 21 01 01, www.wuerfelfunk.de ◼

GO VISTA CITY

Reiseführer mit ausfaltbarer

 ÄGYPTEN

 APULIEN
Basilikata · Kalabrien

 BARCELONA

 BERLIN

 KORFU

 KROATIEN
Küste und Inseln

 LEIPZIG

 LIGURIEN
PIEMONT

 NORDERNEY

 NORDSEEKÜSTE

 OBERITALIENISCHE SEEN
Lago del Verbano · Lago d'Iseo
Lago di Como · Lago di Lugano
Lago Maggiore

 OSTSEEKÜSTE

 ROM

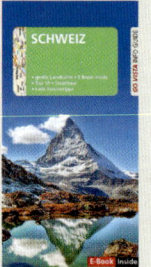 SCHWEIZ

 SÜDTIROL

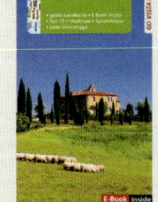 TOSKANA

VISTA POINT Verlag GmbH · www.vistapoint.de

Backflasch/Oliver Doll: S. 66 o.
Bauhaus-Archiv Berlin/Markus Hawlik: S. 25
Bernd Uhlig, bernd.uhlig.fotografie@
 t-online.de: S. 63
Bettina Hamann, Potsdam: S. 57 o.
Boening/Zenit/laif, Köln: S. 27
Christoph Klopp, Berlin S. 61
Clärchens Ballhaus/Bernd Schönberger: S. 59
Dagmar Schwelle/laif, Köln: S. 21
Daniel Biskup/laif, Köln: S. 81
Deutsche Kinemathek/Christine Kisorsy: S. 26
Deutsches Historisches Museum, Berlin: S. 79
Ellington Hotel Berlin/Andreas Schulz: S. 49
Fotolia/Christoph Hellwig: S. 33 o.; Dmitry
 Nikolaev: S. 6 r. u.; Franzeldr: S. 65; Jeff
 Whyte: S. 42; Lucky Dragon: S. 12 o.; Sean
 Pavone: S. 46 o.; Sergey Kohl: S. 40; Tiberius
 Gracchus: S. 24; Yvonne Bogdanski: S.84
Ganymed Brasserie, Berlin: S. 52
Grün Berlin GmbH: S. 74
Herbert Schlemmer, Berlin: S. 2 l., 46 u.
Hüttenpalast/Jan Brockhaus: S. 51
iStockphoto/bluejayphoto: S. 4/5; Claudiodi-
 vizia: S. 7; Concettina d'Agnese: S. 78 u.;
 Foto Voyager: S. 9; Icenando: S. 45; Jaranik:
 S. 34; kamisoka: S. 20 u.; Matthew Dixon:
 S. 37; mbbirdy: S. 3 Mitte, 41 l.; Nikada:
 S. 2 Mitte, 2 r., 3 o. l., 11, 16, 36 o., 36 u.,
 41 o., 83; Querbeet: S.55; Robert Herhold:
 S.66 u.; Rolphus: S. 43
Katja Hoffmann/laif, Köln: S. 69
Landesarchiv Berlin: S. 80

Markthalle Neun; Berlin: S. 54 u.
Mauritius Images/Alamy: S. 18 u.
Norbert Banik, Berlin: S. 39 u.
Pier Adenis/laif, Köln: S. 58
Restaurant Tim Raue, Berlin/Wolfgang Stahr:
 S. 56
Sandra Hoyn: S. 22 o.
Shutterstock/andersphoto: S. 31; Andre Pie-
 cuch: S. 6 l.; canadastock: S. 13; Christian
 Mueller: S. 50; EQRoy: S. 48; ET1972: S. 91;
 Faviel Raven: S.71; kerenby: S. 46 Mitte;
 photoua: S. 35; pio3: S. 70; r_classen: S.54o.;
 Shanti Hesse: S. 77 u.; SpandowStockPhoto:
 S. 17; TWvanUrk: S. 47
Staatliche Museen zu Berlin: S. 32 o., 32 u.;
 Maximilian Meisse: S. 15
Tempelhof Projekt GmbH, www.thf-berlin.
 de: S. 75
visitBerlin: S. 76, 86; Christo Libuda: S. 22 u.;
 Günter Steffen: S. 3 o. r., 19, 28 u., 39 o.,
 62; Philip Koschel: S. 53, 67, 68, 87; Pierre
 Adenis: S. 61; Tanja Koch: S. 28 o., 85 o.;
 Wolfgang Scholvien: S. 1, 6 r. o., 10, 12 u.,
 14, 18 o., 29, 38, 44 o., 44 u., 73, 85 u.,
 88
VISTA POINT Verlag (Archiv), Rheinbreitbach:
 S. 3 u., 8, 78 o., 82
Wannseeterrassen, Berlin: S. 77 o.
Wikipedia/Times: S. 72; CC BY-SA 3.0/Zyance:
 S. 23
Wolfgang Chodan, Berlin: S. 57 u.
Zillemuseum, Berlin: S. 33 u.

Schmutztitel (S. 1): Besucher der Reichstagskuppel
Seite 2/3 (v. l. n. r.): Graffito an der East Side Gallery; Ludwig-Erhard-Ufer; Hackesche Höfe;
 Potsdamer Platz; Reichstag; U-Bahnhof Görlitzer Bahnhof
Seite 6/7: Humboldt Forum und Berliner Dom (S. 6 l.), Brandenburger Tor (S. 6 r. o.), Denkmal
 für die ermordeten Juden Europas/Holocaust-Mahnmal (S. 6 r. u.), Gedenkstätte Berliner
 Mauer (S. 7)

© 2024 VISTA POINT Verlag GmbH, Rolandsecker Weg 30, D-53619 Rheinbreitbach
Alle Rechte vorbehalten
Reihenkonzeption: Andreas Schulz & VISTA POINT-Team
Bildredaktion: Andrea Herfurth-Schindler, Eszter Kalmár
Lektorat: JB Bild | Text | Satz, Berlin
Text S. 22: Anna Bockhoff
Layout: Sandra Penno-Vesper, Potsdam
Reproduktionen: Henning Rohm, Köln; Noch & Noch, Datteln
Netzplan S-/U-Bahn: Kartographie Berliner Verkehrsbetriebe (BVG)
Kartographie: Huber Kartographie GmbH
Gesamtherstellung: VISTA POINT Verlag GmbH, Rheinbreitbach

ISBN 978-3-96141-730-8

An unsere Leserinnen und Leser!
Die Informationen dieses Buches wurden gewissenhaft recherchiert und von
der Verlagsredaktion sorgfältig überprüft. Nichtsdestoweniger sind inhalt-
liche Fehler nicht immer zu vermeiden. Für diese übernimmt der Verlag keine
Haftung. Für Ihre Korrekturen und Ergänzungsvorschläge sind wir dankbar.

VISTA POINT Verlag
Rolandsecker Weg 30 · 53619 Rheinbreitbach
Telefon: +49 (0)2224/7795-0 · Fax: +49 (0)2224/7795-100
info@vistapoint.de · www.vistapoint.de · www.facebook.de/vistapoint

S U Bahn Berlin